呂思勉手稿珍本叢刊

中國古代史札録

40

紀年年代

曆法

天文曆法氣象

呂思勉 著

上海古籍出版社

第四十册目録

紀年年代

曆法

天文曆法氣象

纪年年代

紀年年代提要

「紀年年代」一包札録，内分「紀年（札）」和「年代」兩札。大部分是先生從《史記》《漢書》《晉書》《資治通鑑》等史籍上摘出的資料，也有一些是讀《求古録禮説》《廿二史札記》《觀堂集林》等書籍的筆記。

呂先生的札録，通常在天頭或紙角上寫有分類的名稱，如「年壽」「年代」「紀年」等，有些也寫題頭。札録的資料，大都是節録或剪貼史籍的原文；未録原文的，也在題頭下注明材料出處。如第一頁「生肖」注見《齊書·五行志》「十九7上」（即卷一九第七頁正面），第二頁「長壽之人」注見《南史·梁宗室傳》「五二7下」（即卷五二第七頁反面）。札録中也有一些先生加的按語，如第三、四頁録《魏書·賈思伯傳》資料，「案：未衰所以能學」。第四四頁有「太古、中古等名，所指無定」的按語。其他如第一五、四一、四三等頁也都有長短不一的按語。

「紀年年代」一包，也有不少剪報資料，此次整理未予收録；札録的手稿部分，均按原樣影印刊出。

壽

生日

北史隋本紀仁壽三年夏六月癸卯詔曰六月十三日是朕生日其日宜令海内爲武元皇帝元明皇后斷屠。（四十上）隋紀二

屠豬屠馬屠驢屠虎。子書雜志（十九也）

顏氏家訓風操篇江南風俗兒生一期爲製新衣盥浴裝飾男則用弓矢紙筆女則刀尺鍼縷并加飲食之物及珍寶服玩置之兒前觀其發意所取以驗貪廉愚智名之爲試兒親表聚集致讌享自茲以後二親若在每至此日常有酒食之事耳無教之徒雖已孤露其日皆爲供頓酣暢聲樂不知有所感傷梁孝元年少之時每八月六日載誕之辰常設齋講自阮修容薨殁之

年壽

晋書石鑒傳：元康初，爲太尉。年八十餘，克壯慷慨，自遇若少年。時人美之。（同前注）

史有。見魏書卷川志（十九注）

長壽之人。見梁宋寶傳（冒二注）

晋書隱逸傳：譙秀，巴西人也。祖周。屬南范賁蕭敬相繼作亂，秀避難宕渠。鄉里宗族依憑之者以百數。秀年出八十，衆人欲代之負擔。秀曰：各有老弱，當先營護。吾氣力猶足自堪，豈以垂朽之年累諸君也。（九四注）

年壽

魏書羅結傳：世祖初，還侍中、外都大官，總三十六曹事，年一百七歲，精爽不衰，世祖以其忠慤，甚見信待，監典後宮，出入卧內，因除長信卿，年一百一十，詔聽歸老，……朝廷每有大事，驛馬詢訪焉，年一百二十歲卒。（○○比

又傳子侍，遷……南兗州刺史，賜封池討，縣馬倉積，時年踰八十。

常侍言哉，而自稱六十九（七十比

又賈思伯傳[redacted]時太保崔光疾甚，表薦思伯為侍講，中書舍人馮元興為侍讀，思伯遂入授肅宗杜氏春秋。思伯少雖明經，從後在廢事，至是更延儒生，夜講晝授，性謙和，傾

禮七。緒往街逢。停車下馬。接讀悔之。望無倦色。客有謂思伯曰。公今貴重。寧能不驕。思伯曰。衰至便驕。何常之有。當世以爲雅談。（七二下）

學未衰所以好學

垂白口。白髮下垂。故曰垂白。通鑑宋武帝大明三年注（[illegible]上）

周弘讓王實死年三十五　北史作四十　十七史商榷的十一

年秋七月上不豫戊寅大漸詔曰……至川年六十六後何根

云云　是日上崩年五十四　宋书王敬宏付之嘉二十三年表曰

……年向九十生理殆盡的年處……时年八十

一年代

開化之晚。假以萬年爲一年　則人類之流浪史乃十九年
畜牧六个月　有文字三个月　印刷二來復　蒸汽機一來
復　用電二日　飛行半日

年事

最近死亡率低減。然嬰兒死亡率低減，中年老年人之死亡率未減

紀年

宣亭本將石六年的追隨共事之年為

此節之年

荷蒙集兼方菴大人尺翰獎詞有同張

七

題簽

濟翁秀天集之廿二冊請公為之

涉的補查之部作勉作兩艱今乃名存九

年譜 作局

照下

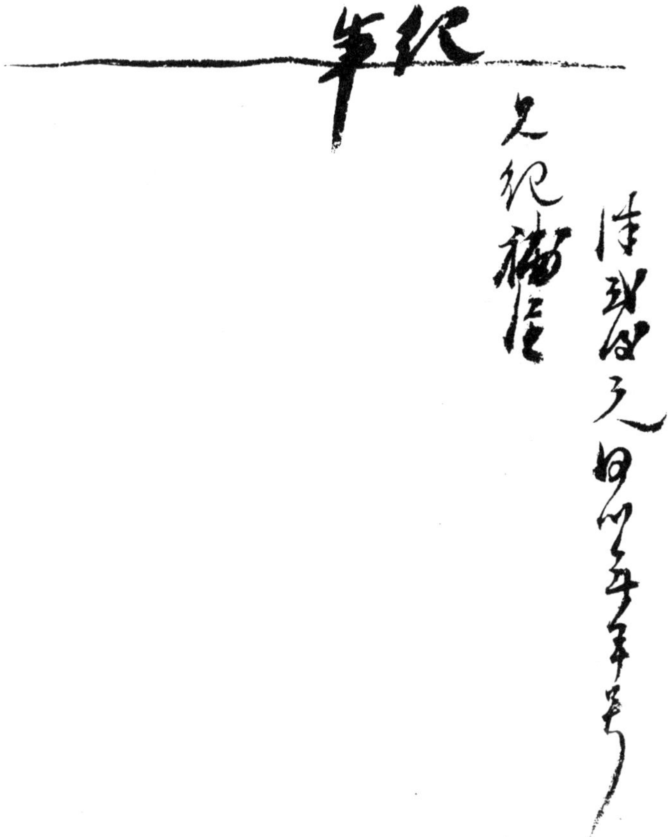

大縣之置十年紀云始縣誤

漢書補注

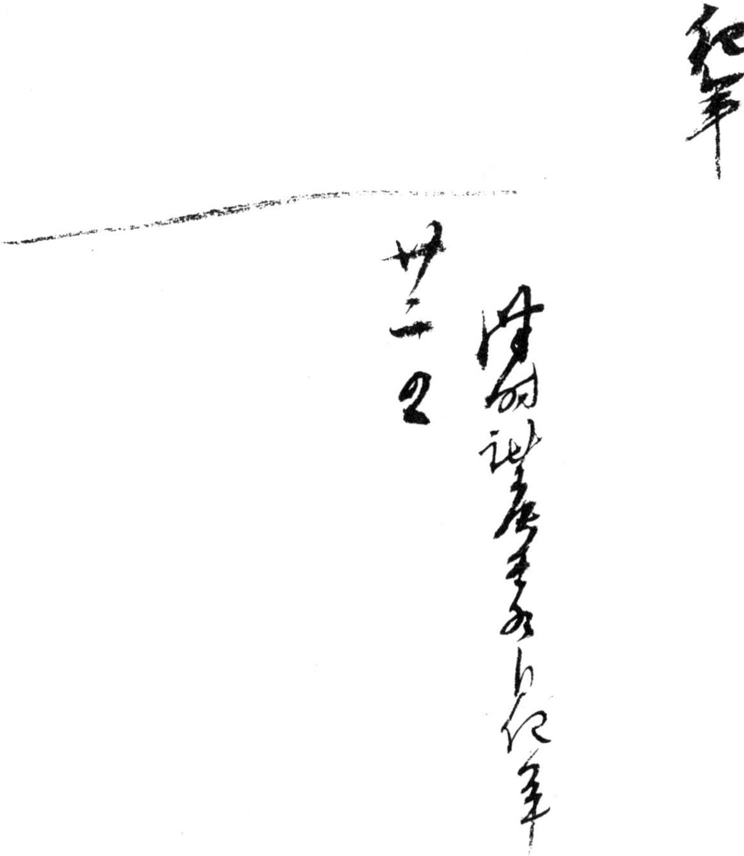
紀年
廿二日

年代

曙石器 文化進化 論爭の七　卅萬至五十萬年

舊　十萬年

新磨光　萬年　初期農業

銅　西元前二千

鐵

鋼　機器　十八世紀

年代

紀元之始。漢書郊祀志「後三年，有司言元宜以天瑞，不宜以一二數。一元曰建，二元以長星曰光，今郊得一角獸曰狩云」。寫上

延

王先謙補注謂獲麟未幾即改元，見漢書終軍傳補注（寫の下41）

秦二世十六年。漢書谷永傳「秦所以二世十六年而亡」（寫下）

年代

帝道王道霸道。見史記商君列傳　李斯列傳乃從荀卿學帝王之術

尚書運期授引河圖曰倉帝之治八百二十歲立戊午蔀。詩文王疏

經世書年代與經不合　求古録禮説之祖甲考

不記月日則曰年中。漢書王子侯表上羹頡侯信七年中薨師古曰不記月日。故云七年中也。

前元年。漢書高惠高后文功臣表蓼夷侯孔藂以執盾前元年從起碭師古曰前元年。謂初起之年。即秦胡亥元年。

年代

僞孔傳言堯年

見朕在位七十載　二十有八載下疏云一百十

七　書作十六　案史記集解引孔正作百十六

某代

史公說西周之事係年

匈奴列傳 其後百有餘歲周西伯昌伐畎夷氏

騶山二・二下

三統曆據魯世家多七十二年

古史甄微13廿頁

獲麟至漢興年歷不與三統歷二不合（史記）

又十六頁

年壽

七十曰耄。說見求古錄禮說卷七

年壽

三國志管寧傳 鉅鹿張臶……卒……年一百五歲罕遇

紀年

繫辭曰易之興也其於中古乎虞翻曰興易者謂庖犧也庖犧為中古則庖犧以前為上古○黃帝堯舜為後世聖人○按緯書說則傳云上古結繩而治者神農以前此上古是云後世聖人易之以書契者謂黃帝○孝經緯援神契曰三皇無文五帝以下始有文字

說文解字敘段注

三古

羣書皆是何知書要責史所爲也此其不若前儒之說密耳云上古者亦無指定之目自伏生言之則於漢世仰遵前代自周已上皆是馬融云有虞氏爲書之初耳若易歷三世則伏犧爲上古文王爲中古孔子爲下古禮運鄭玄以先王食腥與易上古結繩同時爲上古神農爲中古五帝爲下古其不相對則無例耳且太之與上爲義不異禮以唐虞爲太古以下有三代冠而推之爲然是爲不定則但今世已上仰之已古便爲上古耳以書是本名尚是伏生所加故諸引書直云書曰若有配代而言則曰夏書無言尚書者

至魯共王好治宫室壞孔子舊宅以廣其居於壁中得先人所藏古文虞夏商周之書及傳論語孝經皆科斗文字王又升孔子堂聞金石絲竹之音乃不壞宅

○共音恭亦作龔又作恭共王漢景帝之子名餘好呼報反下好古同壞音怪下同字林作𣪊云公𣪊反毀也傳謂春秋也一云周易十翼非經謂之傳論如字又音倫科苦禾反科斗蟲名蝦蟆子書形似之

疏 至魯至壞宅○正義曰欲云得百篇之由故序其事漢景帝之子名餘封於魯爲王死謚曰共存日以居於魯近孔子宅好治宫室故欲裒益乃壞孔子舊宅以增廣其居於所壞壁內得安國先人所藏古文虞夏商周之書及傳論語孝經皆是科斗文字王雖得此書猶壞不止又升孔子廟堂聞金鍾石磬絲琴竹管之音以懼其神異乃止不復敢壞宅也上言藏家書於屋壁此亦屋壁內得書也亦得及傳論語孝經等不從約云得尚書而煩文言虞夏商周之書者以壁內所得上有題目虞夏商周書其序直云書序皆無尚字故其目錄亦然故不云尚書而言虞夏商周之書安國亦以此知尚字是伏生所加惟此壁內所無則書本無尚字明矣凡書非經則謂之傳言及傳論語孝經正謂論語孝經是傳也漢武帝謂東方朔云傳曰時然後言人不厭其言又漢東平王劉雲與其太師策書云傳曰陳力就列不能者止又成帝賜翟方進策書云傳曰高而不危所以長守貴也是漢世通謂論語孝經爲傳也以論語孝經非先王之書是孔子所傳說故謂之傳所以異於先王之書也上已云壞孔子舊宅又云乃不壞宅者初王意欲壞之已壞其屋壁聞八音之聲乃止餘者不壞明知已壞者亦不敢居故云乃不壞宅耳

悉以書還孔氏科斗書廢已久時人無能知者以所聞伏生之書考論文義定其可知者爲隸古定更以竹簡寫之增多伏生二十五篇伏生又以舜典合於堯典益稷合於皐陶謨盤庚三篇合爲一康王之誥合於顧命復出此篇并序凡五十九篇爲四十六卷其餘錯亂摩滅弗可復知悉上送官藏之書府以待能者

○隸音麗謂用隸書寫古文二十五篇謂虞書大禹謨夏書五子之歌胤征商書仲虺之誥湯誥伊訓太甲三篇咸有一德說命三篇周書泰誓三篇武成旅獒微子之命蔡仲之命周官君陳畢命君牙冏命合音閤又如字下同皐音高本又作咎陶音遙本又作繇盤步干反本又作般復扶又反下同五十九篇即今所行五十八篇其一是百篇之序謂虞書汨作九共九篇稾飫夏書帝告釐沃湯征汝鳩汝方商書夏社疑至臣扈典寶明居肆命徂后沃丁咸乂四篇伊陟原命仲丁河亶甲祖乙高宗之訓周書分器旅巢命歸禾嘉禾成王政將蒲姑賄肅慎之命亳姑凡四十二篇亡上時掌反

疏 悉以至能者○正義曰既云王不壞宅以懼神靈因還其

陳錄　紀年

西史（第一卷）

及小丘為研究紀前一千年之著作

以天體現象經學者考定為此時中國北方所見以

紀年

史學

歷史年月日

清咸同間烏程汪月楨費三十年之力成歷代長術輯要一書亦就當時歷法推算與二十四史所載月日參校合不合亦居其半二十四史不合者證以他書或合而既合于此或又不合于彼

計年

計六七年而言六以實日月計

五石六鷁何以書記異也外異不書此何以書爲王者之後記異也王者之後有亡徵非親王安存之象故重錄爲戒記災異也石者陰德之專者也鷁者鳥中之耿介者皆有似宋襄公之行襄欲行霸事不納公子目夷之謀事事耿介自用卒以五年見執六年終敗如五石六鷁之數天之與八昭昭著明甚可畏也於晦朔者示其立功善甫始而敗將不克終故詳錄天意也○爲王于僞反注同耿介音戒之行下孟反○疏注卒以五年見執○解云即下二十一年執宋公以伐宋是計有六年而言五年者據實日月言之以合五石之數故也又六年終敗者即下二十二年戰于泓宋師敗績是也計有七年而言六年者如上說○注天之與八至異也者解云春秋說文也○三月壬申公子季友卒其稱季友何据犂戰名不稱季來歸不稱友疏注据犂至稱季○解云即上元年冬十月壬午公子友帥師敗莒

傳夫

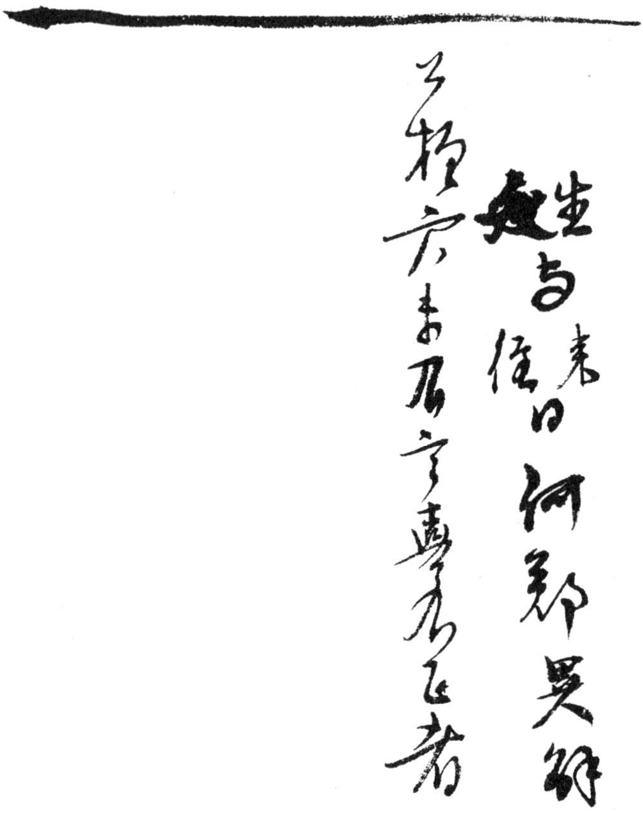

紀年

經元年春王　公之始年而不書正月公即位在六月故　疏　注公之至月故正義曰凡新君初立必於歲首元日朝正於廟因即改元正位百官以序國史因書於策云元年春王正月公即位也其或國有事故不

十三經注疏　春秋左傳五十四　定公元年　三十

得行即位之禮國史亦書元年春王正月見此月公應即位而有故不得隱莊閔僖四公元年無事而空書春王正月其義也此年不書正月者公即位在六月故也傳稱昭公喪及壞隤公子宋先入則正月之時定公猶從昭公之喪在於乾侯未入魯竟國內無君不是即位闕禮故不須書正月也釋例曰癸亥公之喪至自乾侯戊辰公即位喪在外踰年乃入故因五日改殯之節國史用元年即位之禮因以元年爲此年也然則正月之時未有公矣公未即位元必不改而於春夏即稱元年者公未即位必未改元未改之日必乘前君之年於時春夏當名此年爲昭公三十三年及六月既改之後方以元年紀事及史官定策須有一統不可半年從前半年從後雖則年初亦統此歲故入年即稱元年也漢魏以來雖於秋冬改元史於春夏即以元年冠之是有因於古也

定元

成年

已許嫁則以成人之禮書

○秋七月乙酉伯姬卒無傳公羊穀梁曰未適人故不稱國已許嫁則以成人之禮書不復殤也婦人許嫁而笄猶丈夫之冠。復扶又反殤式羊反笄古兮反冠古喚反【疏】注公羊至之冠。正義曰公羊傳曰此未適人何以卒許嫁矣婦人許嫁字而笄之死則以成人之喪治之穀梁傳意亦與之同嫁於大夫死不書卒此許嫁者嫁於國君也但未往彼國不成彼國之婦故不稱國也喪服小記曰男子冠而婦人笄其義一也是許嫁而笄猶丈夫之冠也禮男子冠而不爲殤婦人笄而不爲殤故以成人之喪治之爲之服成人之服禮姊妹在室期出嫁大功檀弓曰姑姊妹之薄也蓋有受我而厚之者爲夫厚之故我降之也曾子問云取女有吉日而女死如之何孔子曰壻齊衰而弔既葬而除之其夫不爲服則兄弟不爲降禮諸侯絕旁期此爲將嫁於諸侯故書其卒既書其卒當服其本服爲之齊衰期也但於時服否不可知耳

僖九

於其倫儗猶比也倫猶類也比大夫當於大夫比士當於士不以其類則有所褻○儗魚起反注同褻息列反疏儗人至其倫○儗人必於其倫○正義曰儗比也倫匹類也凡欲比方於人當以類相並不得以貴比賤

則爲不敬也○問天子之年對曰聞之始服衣若干尺矣既不敢言年又不敢斥至尊所能問國君之年長曰能從宗

廟社稷之事矣幼曰未能從宗廟社稷之事也問大夫之子長曰能御矣幼曰未能御也

問士之子長曰能典謁矣幼曰未能典謁也問庶人之子長曰能負薪矣幼曰未能負薪

也皆言其能則長幼可知御猶主也書曰越乃御事謁主事者謁請也謂能擯贊出入以事請告也禮四十強而仕五十命爲大夫○疏問天至負薪也○正義曰此謂幼少新立之王或有遠方異域人來不知王年大小問朝

廷之臣○對曰聞之始服衣若干尺矣者臣爲荅之必寄法制禮遊路焉有詠而至尊體貴故臣不可輕言君年及形長

短與才技所堪故依違而對也但云聞之謙不敢言恩也云始服衣若干尺既不敢指斥即云服衣若干尺謂或五尺或

六尺隨長短而言之也幼則衣短長則衣長問者聞之則知王之長幼也古者謂數爲若干故儀禮鄉射大射數射筭云若干純若干奇若如也干求也言事本不定常如此求之也故云若干也○問國君之年者亦謂幼少新立爲君而他人問其臣也○長曰能從宗廟社稷之事矣幼曰未能從宗廟社稷之事也不言聞之及衣而言所能主國者辟天子也國保宗廟社稷故以所保荅之也人君十五有養子之禮長則能主國聞其能主國則知十五以上爲長也若聞未能主國則知十四以下是爲幼也○問大夫之子者亦他國人問此大夫之子長幼於大夫之臣也天子諸侯繼世象賢其年不定故問其年而大夫五十乃爵故不問大夫而問其子○長曰能御矣幼曰未能御也御謂主事也官有世功子學父業故有御事之因也舉其所能則長幼可知也大夫子卑長幼當以二十爲限也○問士之子者亦謂他國人來問此士之屬吏也四十強而仕故問其子也○長曰能典謁矣幼曰未能典謁也謁請也士之子年數長則言能主賓客告請之事幼則言未能也士賤無臣但以子自典告也○問庶人之子者庶人謂府史之屬亦有同僚或他國人問其同僚府史熊氏云庶人年無長幼亦問其子者順上大夫士而言之○長曰能負薪矣幼曰未能負薪也者少儀云問士之子長幼長則曰能耕矣幼則曰能負薪未能負薪謂士祿薄子猶以能農事爲業也與此不同者亦當有田無田之異此所言之士者是有田者故子免耕資薪而典謁○注書曰越乃御事謂主事者○正義曰引大誥證御事是大夫禮四十強而仕五十命爲大夫曲禮文引之釋所以不問大夫士庶人之身而問其子之義也以大夫士其年旣定故不假問其年而問其子也

紀年

廿蔀

詩文王序纂疏云據殷歷七十六歲爲一蔀二十蔀爲一紀蔀積一千五百二十歲凡紀首者皆歲甲寅日甲子即以甲子之日爲初蔀名之

一甲子	六己卯	十一甲午	十六己酉
二癸卯	七戊午	十二癸酉	十七戊子
三壬午	八丁酉	十三壬子	十八丁卯
四辛酉	九丙子	十四辛卯	十九丙午
五庚子	十乙卯	十五庚午	廿乙酉

紀年

漢書律曆志以四周天之為九三三萬四百[三統合于一元]

太極上元以來有十二甚之為千統人之統者十萬三歲乃歲為二

氣乃終始紀始於歲皆以之統之數乘之是為九三三歲積算九

千六百八十三

十一二三以為實

太極上元以來數乘且三統以月歲遂之周十二辰得十七萬七

千一百四十七

如是之歲為陰陽相之倍二成者二合為成歲之數十四六歲而成終

四時歲為威易為七十二歲之統兩四時相乘之數也

案$(3\times 3)\times(4\times 2)$

……以陽九九之之為六百四十八以陰六六之之為四百三十二

索 (72)9　(72)6

凡一千八十陰陽各一卦之策算畢也

索 648＋432

八之為八千六百四十以卦策　引而伸之又八之為六萬九千一百二十　天地

再之為十三萬八千二百四十此係大成五星會除爾鄰而長之以年歲

為二百六十二萬六千五百六十年為日月會

本字會原曰大成歲為一年　138240×19＝2626560

三會為七百八十七萬九千六百八十年為三統會三統二千三百六十三萬九

千四十年為備于太極上元

索 7879680×3＝23639040

大年歲為六六之為此太極上元之實之於此四陰一陽為萬一千五百

二十

黄帝調律氣傳之數天下之能事畢矣

19年=1章

歲X81=1539=統

統X3=4617=元

統之・・為之以太初の千六百一十七歲前一百〇至元

封七年復得閼逢攝提格之歲中冬十

太初114〇十一

日法八十一孟康曰分一日爲八十一分爲三統之本母也元始黄鐘初九自乘一龠之數得日法

閏法十九因爲章歲合天地終數得閏法

統法一千五百三十九以閏法乘日法得統法

元法四千六百一十七參統法得元法

會數四十七參天九兩地十得會數

度驗此作名察宿度蓋轉寫之誤也下文又云謂三辰之度吉凶之驗可知瓚說本不訛　題以前歷上元泰初四千六百一十

七歲至于元封七年復得閼逢攝提格之歲注此爲甲寅之歲也○臣永祚按四千六百一十七歲不應干支重逢此不可解臣

召南按太初元年實丁丑歲通鑑目錄云太初元年彊圉赤奮若丁丑是也若甲寅則在元朔二年前乎此二十四歲矣唐志曰

度議云漢太初歷元起丁丑命曰閼逢攝提格之歲而實非甲寅可謂至確蓋元封之六年歲在丙子仲冬朔旦甲子冬至復得

上古歷元之甲寅耳故後文曰太初元年前十一月甲子朔旦冬至歲在星紀婺女六度又引漢志曰歲名困敦是也　壽王候

紀年

周鐘前編等誤命魯侯於成王元年

羣經補義稱記爲二條

世經共和前誤衍之年

又孟子　孟子書齊條

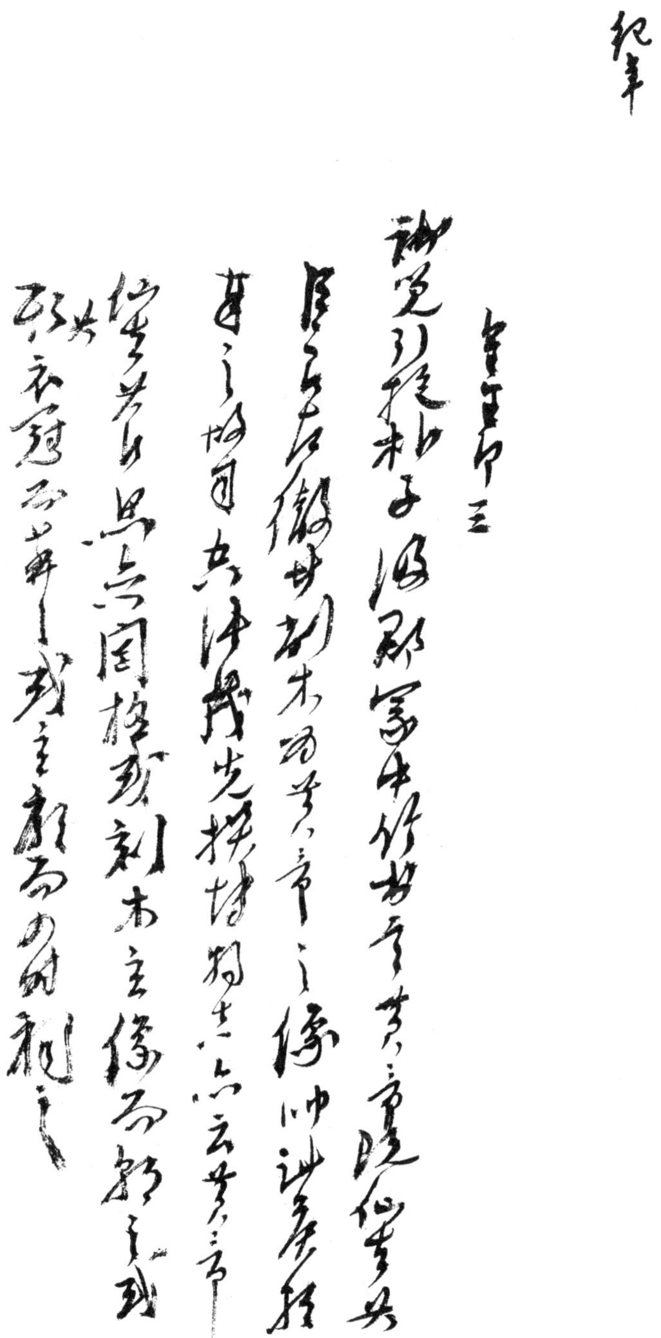

算、代

春秋日食

月令　以曆法上推者多

廣寧爲鄗首

詩文王疏 鄭據乾鑿度以文王入戊午蔀二十

九年受命（戊午）[redacted] 明年改元（己未）十一年代殷入戊

午蔀の十歲（己巳）

世經成王元年

命伯禽之至春

秋三八六加武王

七年周公攝政

經の百

（距之前二六三の）

周公末年亦戊午雖乃謀云自文王受命至此

三百六十歲 東春秋三百の十二年知此文

王受命到獲麟 以仲午蔀（距之前二九九の）六百有二歲

然乾鑿度云今入天元二百七十五萬九千二百

孝已數稿云文王元年鄭箋云乾鑿度受命後五改[redacted]入戊午之

二十歲昌以西伯受命 疏云實當云二百八十

年爲己未郎是此則不當得爲半五 雖緯乃謀同樣神契乾鑿度

五而續爲律曆志一蔀帝甚單四年蔀道

受命與改元非一年 又文王伐三統伐紂至隱公四百年上不數伐

議曆以證文命逸乾鑿度皆以爲周之開

付之年下不數隱公之年 自受命至隱元四百十四歲之三統曆

至獲麟二百七十六蔀歲則自文王受

隱元非己未

命至獲麟當得七百十五年蓋七十六

蔀歲之云亦以七十六年言之也

偽孔傳武王立年

偽泰誓疏　大戴禮云文王十五而生武王則武王少文王十四歲禮記文王世子云文王九十七而崩武王九十三而終計其終年文王崩時武王已八十三矣八十四即位至九十三而崩適滿十年

金縢既克商二年　偽傳伐紂明年疏王肅亦云克殷明年

成王七年　周公歸政事之年代

洛誥疏　王肅云武王崩時年稱元年周公歸政當

鄭言作大誥為居攝二年克殷殺管叔三年將制禮

作樂出入四年至六年而成七年營洛邑作康誥召誥

洛誥致政成王

家語武王崩時成王年十三　見洛誥疏

洛誥疏多鄭　偽傳云年二十

六壬樞經曰　第十賀高麗所藏秘錄有元曆運世系
維唐堯受命甲辰之前編年謹　按宋皇甫氏紀
法識經世紀年時從其說　今據通鑑前編許
謙讀書叢說紀年圖皆用其說　今年依據以
數推　以上のもの　見書經通論（頁三五）
自第一元十二萬九千六百年　以八百年為天若干如是之
為地成為始皇為人生　堯時月甲月巳星癸辰甲[redacted]
共為六萬四千八百年故為中數

	堯	舜	夏	殷	周
積年數	七〇	五〇	四三二	六二九（殷曆四五八）	八六七

六十蔀名　詩字疏

二十蔀為一紀　凡紀首皆歲甲寅日甲子即以

甲子之日為初蔀名　癸卯　壬午　辛酉

庚子　己卯　戊午　丁酉　丙子　乙卯

甲午　癸酉　壬子　辛卯　庚午　己酉

戊子　丁卯　丙午　乙酉　終而復始

章首十九年至朔同日為章　四章為蔀七十六

蔀二十〡〥〢〇為紀　三紀〤〥〦〇為元

紀年

上古

漢藝文志世歷三古韋昭曰伏羲上古文王中古孔子下古

大古中古等名所指無定見詩甫田傳彼甫田歲取十千箋疏

曆法

曆法提要

「曆法」一包札録，內分兩札，第二札裏又分「曆法上」「曆法中」和「曆法下」三小札。這些札録，部分是先生從《左傳》《管子》《漢書》和新舊《唐書》等史籍上摘出的資料，也有些是讀《日知録》《陔餘叢考》《求古録禮説》等書籍以及報刊雜誌時的筆記。

吕先生的札録，通常在天頭或紙角寫有分類名稱，如「曆法」「曆」「干支」等，也有一些寫有題頭。札録的資料，大多是節録或剪貼史籍原文，並記有篇名卷第；未録原文的，在題頭下注明材料出處。如第四五頁「收閏月軍吏糧料，舊百五三5下」（即《舊唐書》卷一五三第五頁反面），「晨暮傳呼改擊鼓，舊七四6上」（即《舊唐書》卷七四第六頁正面）。有些札録先生也加有按語，如第七四頁「當夏四月，是謂孟夏」條，「勉案：可見四時不隨正朔改」。又第一二二頁録《後漢書·烏桓傳》的資料，「勉案：遊牧人如此。知《堯典》亦遊牧人之言，我國天文發明於遊牧者？」其他如第四八、四九、七九、八一等頁，也有長短不一的按語。

「曆法」一包，收録不少剪報資料，此次整理未予收録；札録的手稿部分，均按原樣影印刊出。

天文

收閏日等表撰料（卷三五下）

暑夢傳呼攻擊技（卷七の六上）（卷九八下）

九經

圓周率 祖沖之（卷二二上） 楊寬

隋律歷志（卷）

漏刻

又（廿九上）卷五百の三（四上）（卷の七上）

秋詢傳馬上刻漏（七八上）

本末人〔?〕漏刻（卅一上）

歷法

[illegible]

三元甲子之說（見陔餘叢考卅四）

始于黃帝造甲子九宮，每歲推一宮，九

宮一周而復，六十年一輪，復于初，為三甲子，而甲子循九

宮一周（廿二史考異）

[illegible]

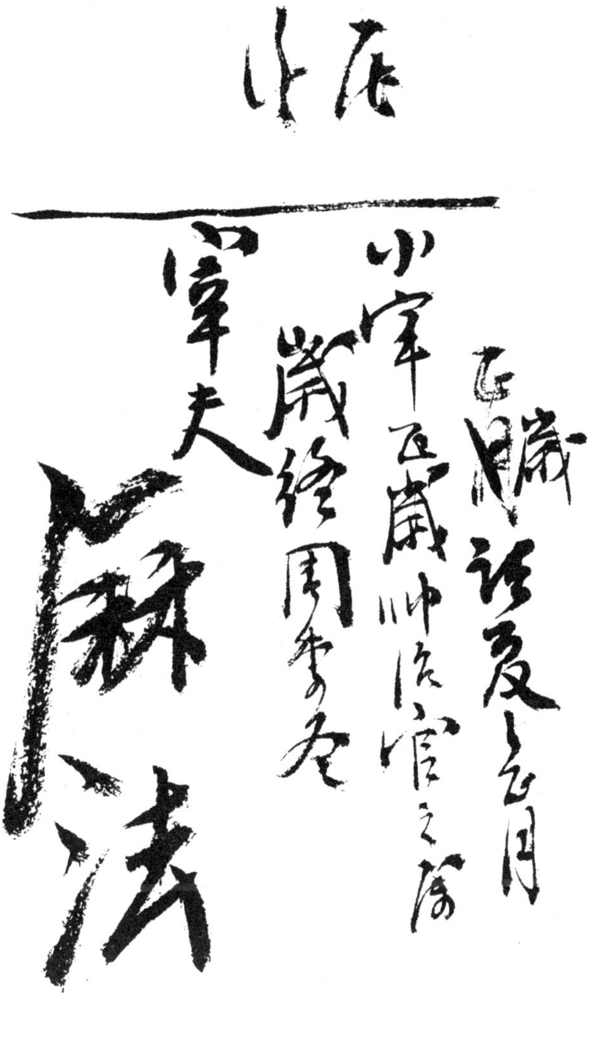
曆法

歷比

冬至日始九十二日爲春至

然案月以首子朔年歲已下不可推多因則年三

百六十八日矣

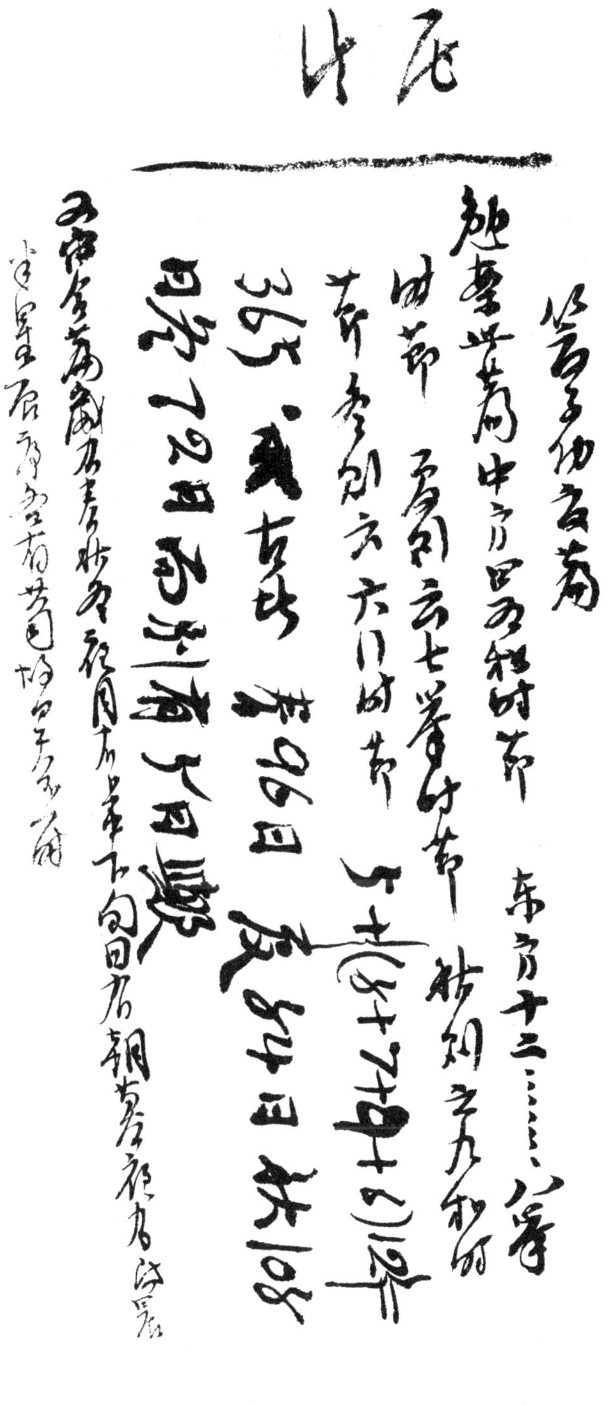

上歷

「佛經曰佛沈面于恒〻〻〻為長存終已失卑也」

論[redacted]淵士許採窃

曆法

考證

世本黄帝時羲和占日，常儀占月，后益作占歲，臾區占星氣，伶倫造律呂，大撓作甲子，隸首作算數，容成綜此六術而作調曆也。

周髀算經：伏羲作曆度。

史記曆書不言黄帝以前事，但曰推曆以黄帝為始。

索隱謂黄帝作調曆，以黄帝有此之名，而曆始皆遵實

而已，說之三書甚確。

據漢書上元泰初曆，張壽王說，黄帝至元封七年，凡4617歲，而不知

出何人作。

左少陽執贄之言也風為逆氣始起于寅而終于丑而為辰
風為少陽東也言為民之分時也何謂民司至時也
青為民司啓時也丹為民司閉時也
白為老秋冬日時素為二者氣
少陽主啓蟄為氣——虎者
虎是時開藏日宮之時成藏——門之于稼事
藏稭蓄以稼例於中也
以鶉撥其時　寒以切時撥時
積物于物——周鄭鄭之　見寒記——貴其為保天

太初曆——落下閎之行度，陰陽叙所示紀年間
玄多五三正者——謝勢于周傳之遠周禮也
廿八宿遊
觀此條下林十一卷，大要只太初元年來

書凡百十篇，十五篇亡。
此文以賞爲首篇，篇目所載蓋一篇
以爲篇首，乃自舉篇目至一篇之後
且管子所稱皆不合

一

說文釋例卷十六補下云案十六乃八
字誤也

歷法

○夏后氏駱馬黑鬣殷人白馬黑首周人黃馬蕃鬣○夏后氏牲尚黑殷白牡周騂剛順正色也白馬黑鬣曰駱殷黑首爲純白凶也騂剛赤色○駱音洛鬣力輒反蕃鬣字又作鬗音煩郭璞云兩披髮騂息營反又呼營反正音征又如字爲于僞反

疏夏后至騂剛○正義曰此一經明魯有三代之馬及牲色不同夏后氏駱馬黑鬣者駱白黑相間也此馬白身黑鬣故云駱也夏尚黑故用黑鬣也殷人白馬黑首者殷尚白故白馬也純白似凶故黑頭也頭黑而鬣白從所尚也然類三代俱以鬣爲所尚也○周人黃馬蕃鬣者蕃赤也周尚赤用黃近赤也而用赤鬣爲所尚也熊氏以爲蕃鬣爲黑色與周所尚乖非也夏后氏牲尚黑殷白牡周騂剛者騂魯用三代牲也騂赤色也剛牡也騂言剛則白亦剛白言牡黑亦牡也故殷告天云敢用玄牡從天色也○

三代之馬及牲色

似當[illegible]

歷法

四時與明庭

明堂位曰：是以魯君孟春乘大路，載弧韣，旂十有二旒，日月之章，祀帝于郊，配以后稷，天子之禮也。但孟春建子之月……）季夏六月，以禘禮祀周公於大廟，但季夏建巳之月也……）

曆

赵英珩赵俊侠

十二生肖

辰

馮相氏掌十有二歲十有二月十有二辰十日二十有八星之位辨其敘事以會天位

歲謂太歲歲星與日同次之月斗所建之辰樂說說歲星與日常應大歲月建以見然則今厤大歲非此也歲日月辰星宿之位謂方面所在辨其叙事謂若仲春辨秩東作仲夏辨秩南譌仲秋辨秩西成仲冬辨在朔易會天位者合此歲日月辰星宿五者以爲時事之候若今厤日大歲在某月某日某甲朔日直某也國語曰王合位于三五孝經說曰故勑以天期四時節有晚早趣勉趣時無失天位皆由此術云○馮音憑相息亮反會如字注同見賢遍反下皆同譌五和反直音值

疏馮相至天位○釋曰云十有二歲者歲謂太歲左行於地行有十二辰一歲移一辰者也云十有二月者謂斗柄月建一辰十二月而周故云十有二月云十有二辰者謂子丑寅卯之等十有二辰也十日者謂甲乙丙丁之等也云二十八星者東方角亢氐房心尾箕北方斗牛之等爲二十八星也若指星體而言謂之星日月會於其星即名宿亦名辰亦名次亦名房云之位者惣五者皆有位處也云辨其叙事者謂五者皆與人爲候之以爲事業次叙而事得分辨故云辨其序事也云以會天位者五者在天會合而爲候也此謂之五者也○注歲謂至術云○釋曰云歲謂大歲歲星與日同次之月斗所建之辰者此太歲在地與天上歲星相應而行歲星爲陽右行於天一歲移一辰又分前辰爲一百三十四分而侵一分則一百四十四年跳一辰十二辰帀則揔有千七百二十八年十二跳辰帀以此而計之十二歲一小周謂一年移一辰故也千七百二十八年一大周十二跳帀故也歲左行於地一與歲星跳辰年歲同此則服虔注春秋龍度天門是也以歲星本在東方謂之龍以辰爲天門故以歲日跳度爲龍度天門也云歲星與日同次之月斗所建之辰者以歲星爲陽人之所見大歲爲陰人所不覩既歲星與大歲雖右行左行不同要行度不異故舉歲星以表大歲言歲星與日月次之月一年之中惟於一辰之上爲法若元年甲子朔旦冬至日月五星俱起於牽牛之初是歲星與日同次之月十一月斗建子子有大歲至後年歲星移向子上十二月日月會於玄枵十二月斗建丑丑有大歲自此已

馮相氏掌 十有二歲 十有二月 十有二辰 十日 甲乙丙丁…… 二十有八星

指星体而言謂之星 日月會于其星即名宿 亦名辰 亦名次 亦名房

歲星爲陽人所見 太歲爲陰人所不覩

景長短之極 極則氣至

月九行——四遊

星宿

後皆然引樂說者證太歲在月建之義也云然則今厤大歲非此也者以今厤太歲歲星北辰大歲無跳辰之義非此經太歲者也云歲日月辰星宿之位謂方面所在者此五物皆依四方四面十二辰而見故云方面所在云謂若仲春辨秩東作已下者按尚書皆作平秩不爲辨秩今皆云辨秩據書傳而言辨其平也注引國語者周語文云王合位于三五者按彼武王伐紂之時歲在鶉火月在天駟日在析木之津辰在斗柄星在天黿引之者證經五者各於其位

冬夏致日春秋致月以辨四時之叙冬至日在牽牛景丈三尺夏至日在東井景尺五寸此長短之極極則氣至冬無愆陽夏無伏陰春分日在婁秋分日在角而月弦於牽牛東井亦以其景知氣至不春秋冬夏氣皆至則是四時之叙正矣

疏冬夏至之叙○釋曰此經欲知人君政之得失之所致觀日月之景以辨四時之叙若政教得所則四時之景依度若依度則四時之叙得正矣必冬夏致日春秋致月者以日者實也故於長短極時致之也月者闕也故於長短不極時致之也○注冬至至正矣○釋曰鄭知冬至景丈三尺者按易緯通卦驗云冬至日置八神樹八尺之表日中視其影如度者歲美人和晷不如度者歲惡人僞言政令之不平法神讀如引言八引者樹杙於地四維四中引繩以正之故因名之曰引立表者先正方面於視日審矣晷進則水晷退則旱進尺二寸則月食退尺二寸則日食注云晷進謂長於度日之行黃道外則晷長晷長者陰勝故水晷短於度者日之行入進黃道內故晷短晷短者陽勝是以旱進尺二寸則月食者月以十二爲數以勢言之宜爲月食退尺二寸則日食者日之數備于十晷進爲盈晷退爲縮冬至晷長丈三尺至云所立八尺之表陰長丈三尺長之極彼雖不言夏至尺五寸景以冬至影長丈三尺反之致夏惟尺五寸景也是以鄭注考靈耀云日之行冬至之後漸差向北夏至之後漸向南日差大分六小分四大分六者分一寸爲十分分小分四者分一寸爲十分一寸千里則差六百四十里按大司徒職云日至之景尺有五寸謂之地中從夏至之後差之至冬至得丈三尺景又按天文志春秋分日在婁而晷中立八尺之表而晷景長七尺三寸六分云極則冬無愆陽夏無伏陰者愆陽伏陰者昭四年申豐辭以其德政所致而四時之景合度故陰陽和也云春分日在婁秋分日在角而月弦於牽牛東井亦以其景知氣至不者按通卦驗云夫八卦氣驗常不在望以入月八日不盡八日候諸卦氣注云入月八日不盡八日陰氣得正而平以此而言明致月景亦用此日矣若然春分日在婁其月上弦在東井圓於角下弦於牽牛秋分日在角上弦於牽牛圓於婁下弦東井故鄭并言弦於牽牛東井不言圓望義可知也此以三月諸星復若不在三月則未到本位大判皆以合昬星體在酉而言以其二月春分婁星昬在酉秋分角星昬亦在酉以是推之皆可知按天文志云月有九行云黑道二出黃道北赤道二出黃道南白道二出黃道西青道二正出黃道東立春春分日東從青道云云然則用之決房中赤青出陽道白黑出陰道月失節度而行出陽道則旱風出陰道則雨此云九行則通數黃道也進入黃道南别謂之赤道夏時月在黃道南謂之赤道進入黃道北謂之黑道東西自相對春時月行黃道東謂之青道進入黃道西謂之白道秋時月在黃道西謂之白道進入黃道東謂之青道此皆不得其正故曰出陽道則旱風出陰道則雨若在黃道是其正亦如日然故星備云明王在上則日月五星皆乘黃道又云黃帝占曰天道有三黃道者日月五星所乘問曰按鄭駁異義云三光考靈耀書云日道出于列宿之外萬有餘里謂五星則差在其內何得與日同乘黃道及問曰日何得在婁角牽牛東井乎荅曰黃道數寬廣雖差在內猶不離黃道或可以上下爲外內又按天文志云春秋分日在婁角去極中而晷中立八尺之表而晷景長七尺三寸六分也若然通卦驗云春秋晷長七尺二寸四分者謂晷表有差移故不同也

星辰日月之變動

晦而月見西方曰朓

朔而月見東方曰側匿

五星　五星更互相

日月五星皆右行于天

九州分星　其書亡矣　堪輿郡國所入度非古數　一分　挾向反

文耀鈎言九州之域及分星

歲星爲陽右行於天

太歲爲陰左行於地十二歲而小周

甘氏歲星經

其占之遺此則留於天門

五雲

十有二風　一分風

保章氏掌天星以志星辰日月之變動以觀天下之遷辨其吉凶志古文識識記也星謂五星辰日月所會五星有贏縮圜

角日有薄食暈珥月有盈虧朓側匿之變七者右行列舍天下禍福變移所在皆見焉○識音志又音試又如字下同暈本又作煇亦作運音同朓他了反晦而月見西方匿女力反劉吐則反朔而月見東方曰側匿亦名朒朒女六反

疏 保章至吉凶○釋曰上馮相氏掌日月星辰不變依常度者此官掌日月星辰變動與常不同以見吉凶之事○注志古至見焉○釋曰云志古文識識記也者古之文字少志意之志與記識之志同後代自有記識之字不復以志爲識故云志古文識識即記也云星謂五星者按天文志謂東方歲南方熒惑西方大白北方辰中央鎭星云辰日月所會者左氏傳士文伯對晉侯之辭也云五星有贏縮者按天文志云歲星所在其國不可以伐人起舍如前出贏贏爲客客晩出爲縮縮爲主人故人有詩曰天下太平五星循度亡有逆行日不蝕朔月不蝕望云圜角者星備云五星更王相休廢其色不同王則光芒相則內實休則光芒無角不動搖廢則少光色順四時其國皆當也又云立春歲星王七十二日其色有白光角芒出王三月十八日其色黄而大休則圜廢則內虛立夏熒惑出七十二日色赤角芒出王六月十八日其色黄而大立秋大白王七十二日光芒無角出王九月十八日其色黄而大立冬辰星王七十二日其色白芒角出王十二月十八日其色黄而大星當王相不若角其邦大弱强國取地大弱失國亡土也云日有薄蝕暈珥者此則視祲職具釋其事也云月有虧盈者此則禮運所云三五而盈三五而闕也云朓側匿之變者按尚書五行傳云晦而月見西方謂之朓朔而月見東方謂之側匿側匿則侯王其肅朓則侯王其舒云七者右行列舍者七謂日月五星皆右行於天留伏順逆以見吉凶故云天下禍福變移所在皆見焉若然經有辰鄭云日月所會直釋辰名不解辰之禍福者但辰與二十八星隨天左行非所以見吉凶已見馮相氏而此言之者星辰是相將之物挾句而言故鄭不釋爲禍福之事也

以星土辨九州之地所封封域皆有分星以觀妖祥

星土星所主土也封猶界也鄭司農說星土以春秋傳曰參爲晉星商主大火國語曰歲之所在則我有周之分野之屬是也玄謂大界則曰九州州中諸國中之封域於星亦有分焉其書亡矣堪輿雖有郡國所入度非古數也今其存可言者十二次之分也星紀吳越也玄枵齊也娵訾衛也降婁魯也大梁趙也實沈晉也鶉首秦也鶉火周也鶉尾楚也壽星鄭也大火宋也析木燕也此分野之妖祥主用客星彗孛之氣爲象○分扶問反注同參所林反娵子須反訾子斯反降戶江反婁以歲反又息遂反字音祥

疏 以星至妖祥○釋曰此經論北斗及二十八宿所主九州及諸國封域之妖祥所在之事故云以星土也云辨九州之地者據北斗而言云所封封域者據二十八星而說云皆有分星者摠解九州及諸國之分以觀妖祥者據星見微應所在以觀妖祥之事也○注星土至爲象○釋曰先鄭所引春秋傳者按昭元年左氏傳鄭子産云辰爲商星參爲晉星又襄九年左氏傳云辰爲商主大火此所引及國語皆據諸國而言故增成其義并釋九州之土也後鄭云大界則曰九州者此解經九州之地按春秋緯文耀鉤云布度定記分州繫象華岐以龍門積石至三危之野雍州屬魁星大行以東至碣石王屋砥柱冀州屬樞星三河雷澤東至海岱以北兖州青州屬機星蒙山以東至南江會稽震澤徐揚之州屬權星大別以東至雷澤九江荆州屬衡星荆山西南至岷山北岠鳥鼠梁荆屬開星外方熊耳以至泗水陪尾豫州屬摇星此九州屬北斗星有七州有九但兖青徐揚并屬二州故七星主九州也周之九州差之義亦可知云州中諸國已下別釋經所封封域古黄帝時堪輿亡故其書亡矣云堪輿雖有郡國所入度非古數者謂後代有作堪輿者非古數雖非古數時有可言者故云今其存可言者十二次之分也者但吳越在南齊魯在東今歲星或北或西不依國地所在者此古之受封之日歲星所在之辰國屬焉故也吳越二國同次者亦謂同年度受封故同次也云此分野之妖祥主用客星彗孛之氣爲象者按公羊傳昭十七年冬有星孛于大辰孛者

何彗星也何休云孛彗者邪亂之氣掃故置新之象左氏申繻曰彗所有除舊布新如是彗孛一也時爲宋衛陳鄭災天文志彗長丈二言用客星者彗非位辰而入他辰者也**以十有二歲之相觀天下之妖祥**歲謂太歲歲星與日同次之月斗所建之辰也歲星爲陽右行於天太歲爲陰左行於地十二歲而小周其妖祥之占甘氏歲星經其遺象也鄭司農云大歲所在歲星所居春秋傳曰越得歲而吳伐之必受其凶之屬是也○相息亮反下同【疏】以十至妖祥○釋曰此經又以太歲以觀妖祥之異耳○注歲謂至是也○釋曰云歲謂大歲者上文已說五星訖以文次而推知非歲星故知是在地之太歲也其惟太歲所在以下於上馮相氏釋說鄭恐人不曉故重言之也先鄭云太歲所在歲星所居者亦欲見推太歲之處云歲星所居亦是歲星與日同次之月也太歲所在亦是斗所建之辰下有太歲也云越得歲而吳伐之必受其凶之屬者按昭三十二年夏吳伐越史墨曰不

十三經注疏　周禮二十六　春官宗伯下　三

及四十年越其有吳乎越得歲而吳伐之必受其凶按昭十二年蔡復之歲歲在大梁至昭三十二年正應在析木而越得歲者按彼服注歲星在星紀吳越之分野蔡復之歲歲在大梁距此十九年昭十五年有事於武宮之歲龍度天門龍歲星也天門在戌是歲越過故使今年越得歲龍東方宿天德之貴神其在所之國兵必昌向之以兵則凶吳越同次吳先舉兵故凶也或歲星在越分中故云得歲史墨知不及四十年越有吳者以其歲星十二年一周天存亡之數不過三紀三者天地人之數故歲星三周星紀至玄枵哀二十二年越滅吳至此三十八年鄭君之義則不然故春秋志云五星之期各用數有氣者期遠而禍大無氣者期近而禍小吳越以夏剋之孟夏建卯仲夏建辰木用事之時太數三木用事則歲星王當從遠期以三乘十二爲三十六歲星復其所而三十七過其次而歲星去矣故伐越亦後至哀二十二年猶三十八年冬十一月丁亥而越滅吳按越與在哀二十年吳惡未周故不滅也此鄭義與服小異大同也按括地象天不足於西此則西爲天門昭十五年歲星正應在鶉首越一次當在鶉火是以昭三十二年得在星紀若然天門不在戌者但龍度天門正應在五月日體在鶉首與歲星同次日沒於戌歲星亦應沒由度戌至酉上見而不沒故云龍度天門

以五雲之物辨吉凶水旱降豐荒之祲象物色也視日旁雲氣之色降下也知水旱所下之國鄭司農云以二至二分觀雲色青爲蟲白爲喪赤爲兵荒黑爲水黃爲豐故春秋傳曰凡分至啓閉必書雲物爲備故也故曰凡此五物以詔救政【疏】以五至祲象○釋曰物色也此五色之雲以辨吉凶也云水旱降豐荒者水旱降爲荒凶也風雨降爲豐吉也云之祲象者祲謂日旁雲氣以見五色之雲則知吉凶也○注物色至救政○釋曰鄭知視日旁雲氣之色者以其視祲職十者皆視日旁雲氣之色此云祲視五雲亦視日旁雲氣之色也鄭知水旱所下之國者以其云降明據日旁雲氣則知當十二辰之分野所下之國有豐荒也鄭以二至二分觀雲色者即所引春秋者是云青爲蟲已下蓋據陰陽書得知按僖五年左氏傳云春王正月辛亥朔日南至公既視朔遂登觀臺以望而書禮也凡分至啓閉必書雲物爲備故也注云分春秋分至冬夏至啓立春立夏閉立秋立冬據八節而言也先鄭引下文凡此五物者欲見春秋與此相當故也**以十有二風察天地之和命乖別之妖祥**十有二辰皆有風吹其律以知和不其道古矣春秋襄十八年楚師伐鄭師曠曰吾驟歌北風又歌南風南風不競多死聲楚必無功是時楚師多凍其命乖別審矣【疏】以十至妖祥○釋曰此一經欲見十二辰順律氣以知妖祥之事○注十有至審矣○釋曰鄭知十二風

是十二辰氣爲風者師曠云歌北風南風皆據十二辰之氣爲風故知風即氣也云吹其律以知和不其道亡者鄭亦按師曠吹律而知此氣亦當吹律也今無吹律之法故云其道亡引襄十八年者是時鄭屬晉不復事楚楚師伐之晉爲盟主欲救之故師曠吹律以觀楚強弱按彼服注北風無射夾鍾以北南風沽洗以南云命乖別審矣者以南風弱即知楚無功是其命楚師乖離別審矣按考異郵曰陽立于五極于九五九四十五日變以陰合陽故八卦主八風距同各四十五日艮爲條風震爲明庶風巽爲清明風離爲景風坤爲涼風兌爲閶闔風乾爲不周風坎爲廣莫風按通卦驗云冬至廣莫風十二月大寒小寒皆不云風至立春條風至雨水猛風至二驚蟄不見風至春分明庶風至清明雷鳴雨下清明風至玄鳥來穀雨不見風立夏清明風至小滿不見風五月芒種不見風大暑不見風立秋涼風至處暑不見風白露不見風秋分涼風至寒露霜降皆不見風立冬不周風至小雪大雪皆不見風如是無十二風何云十二月皆有風乎按通卦驗云三月六月九月十二月皆不見風惟有八以當八卦八節云十一月者則乾之風漸九月坤之風漸八月艮之風漸十二月巽之風漸三月故清明節次云清明風立夏復云清明風是清明風主三月復主四月則其餘四維之風主兩月可知雨水猛風與條風俱在正月則猛風非八卦之風亦不如之

凡此五物者以詔救政訪序事　訪謀也見其象則當豫爲之備以詔王救其政且謀今年天時占相所宜次序其事

疏　凡此至序事○釋曰此經總計上五經文云凡此五物者謂從掌天星以下五經並是已見之物有此五事云詔者詔告也告王改脩德政以備之以救止前之惡政云訪序事者謂事未至者預告王訪謀今年天時占相所宜次敘其事使不失所也

歷

大史 馮相氏 保章氏 內史 外史 御史

大史史官之長—下大夫爲中大夫之長

小史大史別職同官—共府史

馮相氏掌天文不變—世登高臺以視天文之次序

保章氏掌天文之變

[illegible]

大史下大夫二人上士四人小史中士八人下士十有六人府四人史八人胥四人徒四十人大史史官之長疏大史○釋曰在此者案其職云讀禮書祭之日執書以次位常是禮事及鬼神之事也故列職於此也小史與大史別職而同官故共府史也○注大史史官之長○釋曰謂與下內史外史御史等爲長若然內史中大夫大史下大夫大史得與內史爲長者以大史知天道雖下大夫得與內史中大夫爲長是以稱大也

馮相氏中士二人下士四人府二人史四人徒八人馮乘也相視也世登高臺以視天文之次序天文屬大史月令曰乃命大史守典奉法司天日月星辰之行宿離不貸○馮音憑相息亮反注同宿劉息就反一音夙離力計反貸吐得反或音二疏馮相○釋曰在此者以其與大史同主天文故其職云掌歲月星辰之位故與大史連類在此○注馮乘至不貸○釋曰云世登高臺以視天文之次序者以其官有世功則以官名氏故云也其天子有靈臺諸侯有觀臺皆所以視天文故云登高臺也云天文次序者馮相氏掌天文不變保章氏掌天文之變變則不依次序不變則如常有次序故以次序言之也云天文屬大史者案周語單子謂魯成公曰吾非瞽史焉知天道是大史知天道之事引月令曰乃命大史者證大史掌天文之事云宿離不貸者鄭彼注云離耦也謂其屬馮相氏保章氏掌天文者也謂其相與宿耦當審候伺不有差忒

保章氏中士二人下士四人府二人史四人徒八人保守也世守天文之變疏保章氏○釋曰在此者案其職云掌天星以志星辰日月之變

動以觀天下之遷故與馮相氏連類在此也○注保守至之變○釋曰以其稱氏也故稱世守天文之變也

内史中大夫一人下大夫二人上士四人中士八人下士十有六人府四人史八人胥四人徒四十人疏内史○釋曰在此者案其職云掌八枋執國法及國令之貳策命羣臣皆禮事故列職於此也

外史上士四人中士八人下士十有六人胥二人徒二十人疏外史○釋曰在此者案其職云掌書外令及三皇五帝之書亦禮書之類故列職於此

御史中士八人下士十有六人其史百有二十人府四人胥四人徒四十人御猶侍也進也其史百有二十人以掌贊書人多也疏御史○釋曰在此者案其職云掌贊書凡數從政者皆亦禮事故列職於此也○注御猶至多也○釋曰其職云凡治者受法令焉并掌贊書故其史特多復在府上也

挈壺氏

為軍穿井井成挈壺以表其上

縣挈轡于當舍以示之處

挈欜

漏之長短

[illegible]

挈壺氏下士六人史二人徒十有二人挈讀如絜髮之絜壺盛水器也世主挈壺水以爲漏○挈劉苦結反一音結又戸結反盛音成 疏 注挈讀至爲漏 釋曰在此者按

十三經注疏 周禮二十八 夏官司馬 二

其職云掌挈壺以令軍井挈轡以令舍挈畚以令糧又云凡軍事懸壺以序聚欜皆爲軍事按在此也鄭讀挈如絜髮之絜者詩云總角之宴毛傳云總角結髮此鄭依毛傳絜即結之義也鄭云世主挈壺水以爲漏者以其稱氏此則官有世功則以官爲氏故以世主解之也

挈壺氏掌挈壺以令軍井挈轡以令舍挈畚以令糧鄭司農云挈壺以令軍井謂爲軍穿井井成挈壺縣其上令軍中士衆皆望見知此下有井壺所以盛飲故以壺表井挈轡以令舍亦縣轡于所當舍止之處使軍望見知當舍止于此轡所以駕舍故以轡表舍挈畚以令糧亦縣畚于所當稟假之處令軍望見知當稟假于此下也畚所以盛糧之器故以畚表稟軍中人多車騎雜會讙囂號令不能相聞故各以其物爲表省煩趨疾于事便也○畚音本爲于僞反下爲沃同縣音玄下皆同令力呈反盛音成下同稟彼錦反劉方鴆反讙呼端反囂五高反一音許驕反省所景反便婢面反 疏 挈壺至令糧○釋曰皆云挈者謂結之於竿首挈挈然故云挈也先鄭注具不復疏之也

凡軍事縣壺以序聚欜凡喪縣壺以代哭者皆以水火守之分以日夜鄭司農云縣壺以爲漏以序聚欜以次更聚擊欜備守也玄謂擊欜兩木相敲行夜時也代亦更也禮未大斂代哭以水守壺者爲沃漏也以火守壺者夜則以視刻數也分以日夜者異晝夜漏也漏之箭晝夜共百刻冬夏之間

有長短焉大史立成法有四十八箭。橥音託更音庚下同敲苦交反又苦教反行下孟反共如字疏注鄭司至八箭。釋曰先鄭云縣壺以爲漏者謂縣壺於上以水沃之水漏下入器中以沒刻爲准法云以序聚橥以次更聚擊橥備守也者先鄭意持更人擊橥玄謂擊橥兩木相敲行夜時也者謂行夜者擊之按脩閭氏掌比國中宿互橥者先鄭云橥謂行夜擊橥野廬氏云若有賓客則令守塗地之人聚橥之司農云聚擊橥以宿衛之也彼二注後鄭皆從先鄭及至此注不從先鄭者以野廬氏無夜行者宿人自擊故後鄭從之此文與脩閭氏同有行夜者故此不從先鄭宿者自擊之是以宮正云夕擊橥而比之注云行夜以比直宿者先鄭云橥戒守者所擊也是亦爲行夜者所擊也云代亦更也禮未大斂代哭者未殯已前無問尊卑皆哭不絕聲大斂之後乃更代而哭亦使哭不絕聲大夫以官士親疏六哭人君尊又以壺爲漏分更相代云分以日夜異晝夜漏也者若冬至則晝短夜長夏至則晝夜短二分則晝夜等晝夜長短不同須分之故云異晝夜漏也云漏之箭晝夜共百刻冬夏之間有長短漏者馬氏云漏凡百刻春秋分晝夜各五十刻冬至晝則四十刻夜則六十刻夏至晝六十刻夜四十刻鄭注堯典云日中者日見之漏與不見者齊日長者日見之漏五十五刻於四時最長也夜中者日不見之漏與見者齊日短者日見之漏四十五刻於四時最短此與馬義異以其馬云春秋分晝夜五十刻據日見之漏若兼日未見日沒後五刻晝五十五刻夜四十五刻若夏至晝六十刻通日未見日沒後五刻則晝六十五刻夜三十五刻一年通閏有三百六十五日四分日之一四時之間九日有餘校一刻爲率云大史立成法有四十八箭者此據漢法而言則以器盛四十八箭箭各百刻以壺盛水縣於箭上節而下之水水淹一刻則爲一刻四十八箭者蓋取倍二十四氣也

及冬則以火爨鼎水而沸之而沃之鄭司農云冬水凍漏不下故以火炊水沸以沃之謂沃漏也。爨七端反疏注鄭司至漏也釋曰沃如沃尸盥之沃。謂沸水稍熱澆沃壺中使下也

辰

上春｜孟春｜建寅之月

釁寶鎮

上春釁寶鎮及寶器上春孟春也釁謂殺牲以血血之鄭司農云釁讀為徵或曰釁鼓之釁鼓釁皆以血血之也

疏注上春至之釁。釋曰云上春孟春也者謂建寅之月也殺牲取血釁之若月令上春釁龜筴等也云釁讀為徵者周禮先鄭皆讀釁為徵徵取飾義云或曰釁鼓之釁者讀從定四年祝佗云君以軍行祓社釁

春官天府

漏未尽三刻以前为夜
呼旦
王有雞人挈壶氏
诸侯挈壶氏兼

大祭祀夜嘑旦以嘂百官夜漏未盡雞鳴時也呼旦以警起百官使夙興○嘑火吳反本又作呼嘂古弔反警音景疏注夜夜至夙興○釋曰漏未盡者謂漏未盡三刻已前仍為夜則呼旦也漏刻之義具挈壺氏凡國之大賓客會同軍旅喪紀亦如之凡國事為期則告之時象雞知時也告其有司主事者少牢曰宗人朝服北面曰請祭期主人曰比於子宗人曰旦明行事告時者至此旦明而告之○朝直遥反比毗志反疏注象雞至告之○釋曰引少牢曰者謂祭前之夕宗人主禮官請主人祭期主人曰比於子者謂次比其日數時節由子子則宗人也宗人即告期曰旦明行事其實祭期由宗人宗人請主人者敬主人若不敢自由然故讓之也案庭燎詩注王有雞人之官凡國事為期則告之以時王不正其官而問夜早晚非也案齊詩東方未明序云東方未明刺無節也朝庭興居無節號令不時挈壺氏不能掌其職焉注云挈壺氏掌漏刻者彼不云雞人者案挈壺氏云凡軍事懸壺無告期之事則天子備官挈壺氏掌漏刻之節雞人告期彼齊詩是諸侯兼官故挈壺氏兼告期也

十三經注疏　周禮二十　春官宗伯　九

雞人

風俗

新史學156頁

婚姻制度附后

傳二十年春王二月己丑日南至是歲朔旦冬至之歲也當言正月己丑朔日南至時史失閏閏更在二月後故經因史而書正月傳更具於二月記南至日以正歷也。疏注是歲至歷也。正義曰歷法十九年爲一章章首之歲必周之正月朔旦冬至傳五年正月辛亥朔日南至是章首之歲年也計僖五年至往年合一百三十三年是爲七章今年復爲章首故云是歲朔日冬至之歲也朔日冬至謂正月之朔當言正月己丑朔日南至今傳乃云二月己丑日南至是錯名正月爲二月也歷之正法往年十二月後宜置閏月即此年正月當是往年閏月此年二月乃是正月故朔日己丑日南至也時史失閏往年錯不置閏閏更在二月之後傳於八月之下乃云閏月戊辰殺宣姜是閏在二月後也不言在八月後而云在二月後者以正月之前當置閏二月之後即不可故據二月言之時史謂閏月爲正月故經因史而書正月從其誤而書之傳以經之正月實非正月更具於二月記南至之日以正歷之失也日南至者謂冬至也冬至者周之正月之中氣歷法閏月無中氣中氣必在前月之內時史誤以閏月爲正月而置冬至於二月之朔既不曉歷數故閏月之與冬至悉皆錯也杜下注云時魯侯不行登臺之禮使梓慎望氣是杜意以爲時魯之君臣知此己丑是冬至之日但不知其不合在二月耳服虔云梓慎知失閏二月冬至故獨以二月望氣則服意以爲當時魯人置冬至於正月之內獨梓慎知二月己丑是眞冬至耳其義或當然也

梓慎望氛氛氣也時魯侯不行登臺之禮使梓慎望氣。氛芳云反曰今茲宋有亂國幾亡三年而後弭蔡有大喪爲宋華向出奔蔡侯卒傳。幾音祈又音機弭彌爾反叔孫昭子曰然則戴桓也載族華氏桓族向氏汏侈無禮已甚亂所在也傳言妖由人興。汏音泰

昭二十

曆法

○十一月乙亥朔日有食之辰在申司厤過也再失閏矣謂斗建指申周十一月今之九月斗當建戌而在申故知再失閏也

襄廿七

十三經注疏 春秋左傳三十八 襄公二十七年 十四

文十一年三月甲子至今年七十一歲應有二十六閏今長厤推得二十四閏通計少再閏釋例言之詳矣【疏】注謂斗至詳矣○正義曰斗建從甲至癸十者謂之日從子至亥十二者謂之辰傳言辰在申者謂其日昬時斗柄所指於十二辰爲在申也九月當建戌而建申故爲再失閏也文十一年三月至今七十一歲應有二十六閏者厤法十九年爲一章章有七閏從文十一年至襄十三年凡五十七年已處三章當有二十一閏又從襄十四年至今得十四年又當有五閏故爲應有二十六閏也長厤推得二十四閏者杜以長厤實於其閒分置二十四閏釋例云閏者會集數年餘日因宜以安之故閏月無中氣斗建斜指兩辰之閒也魯之司歷漸失其閏至此年日食之月以儀審望知斗建之在申斗建在申乃是周家九月也而其時厤稱十一月故知再失閏也於是始覺其謬遂頓置兩閏以應天正以敘事期然則前閏月爲建酉後閏月爲建戌十二月爲建亥而歲終焉是故明年經書春無冰傳以爲時災也若不復頓置二閏則明年春是今之九月十月十一月也今之九月十月十一月無冰非天時之異無緣總書春也尋案今世所謂魯厤者不與春秋相符殆來世好事者爲之非眞也今俱不知其法術具依春秋經傳反覆其終始以求之近得其實矣杜言以儀審望者大史鑄銅作渾天儀列二十八宿之度設機關候望以測七曜所在故於彼鑄銅儀而審望之知此月斗建申也長厤稱大凡經傳有七百七十九日漢末宋仲子集七厤以考春秋魯厤得五百二十九日失二百五十日是其不與春秋相符也劉炫云遠取文十一年三月甲子者以三十年絳縣老人云臣生之歲正月甲子朔以全日故又云言通計者若據前閏以來短計不得有再失之理今遠從文十一年以來計之是爲通計也

經二十有八年春無冰前年知其再失閏頓置兩閏以應天正故此年正月建子得以無冰爲災而書○應應對之應 ○夏衛石惡出奔晉甯喜之黨書名惡之○惡

顏淵問爲邦子曰行夏之時據見萬物之生以爲四時之始取其易知乘殷之輅馬曰殷車曰大輅左傳曰大輅越席昭其儉也服周之冕包曰冕禮冠周之禮文而備取其黈纊塞耳不任視聽樂則韶舞韶舜樂也盡善盡美故取之放鄭聲遠佞人鄭聲淫佞人殆孔曰鄭聲佞人亦俱能惑人心與雅樂賢人同而使人淫亂危殆故當放遠之疏顏淵至人殆○正義曰此章言治國之法也顏淵問爲邦者爲猶治也問治國之禮法於孔子也子曰行夏之時者此下孔子荅以爲邦所行用之禮樂車服也夏之時謂以建寅之月爲正也據見萬物之生以爲四時之始取其易知故使行之乘殷之輅者殷車曰大輅謂木輅也取其儉素故使乘之服周之冕者冕禮冠也周之禮文而備取其黈纊塞耳不任視聽故使服之樂則韶舞者韶舜樂名也以其盡善盡美故使取之放鄭聲遠佞人鄭聲淫佞人殆者又當放棄鄭衛之聲遠離辯佞之人以鄭聲佞人亦俱能惑人心與雅樂賢人同然而使人淫亂危殆故使放遠之○注馬曰至儉也正義曰云殷車曰大輅者明堂位曰大輅殷輅也鄭注云大路木路也漢祭天乘殷之路今謂之桑根車者是也路訓大也君之所在以大爲號門曰路門寢曰路寢車曰路車故人君之車通以路爲名周禮巾車掌王之○曰路鄭玄云玉在焉曰路彼解天子之車故云王在耳其實諸侯之車亦稱爲路云左傳曰大輅越席昭其儉也者桓二年文也越席結蒲爲席置於路中以茵藉示其儉也服虔云大路木路引之者以證殷路一名大路也杜元凱以大路爲玉路今所不取○注包曰至視聽正義曰云冕禮冠周之禮文而備者冠者首服之大名冕者冠中之別號故云冕禮冠也世本云黃帝作冕宋仲子云冕冠之有旒者禮文殘缺形制難詳周禮弁師掌王之五冕皆玄冕朱裏止言玄朱而已不言所用之物子罕篇云麻冕禮也蓋以木爲幹而用布衣之上玄下朱取天地之色其長短廣狹則經傳無文阮諶三禮圖漢禮器制度云冕制皆長尺六寸廣八寸天子以下皆同沈引董巴輿服志云廣七寸長尺二寸應劭漢官儀云廣七寸長八寸沈又云廣八寸長尺六寸者天子之冕廣七寸長尺二寸者諸侯之冕廣七寸長八寸者大夫之冕但古禮殘缺未知孰是故備載焉司馬彪漢書輿服志云孝明帝永平二年初詔有司采周官禮記尚書之文制冕皆前圓後方朱裏玄上前垂四寸後垂三寸天子白玉珠十二旒三公諸侯青玉珠七旒卿大夫黑玉珠五旒皆有前無後此則漢法耳其古禮鄭玄注弁師云天子衮冕以五采繅前後十二旒旒有五采玉十有二鷩冕前後九旒毳冕前後七旒希冕前後五旒玄冕前後三旒旒皆五采玉十有二上公衮冕三采繅前後九旒旒有三采玉九侯伯鷩冕三采繅前後七旒旒有三采玉七子男毳冕三采繅前後五旒旒有三采玉五孤卿以下皆二采繅二采玉焉蓋以繅采玉其旒又玉名依命數耳謂之冕者冕俛也以其後高前下有俛俯之形故因名焉蓋以在上位者失於驕矜欲令位彌高而志彌下故制此服令貴者下賤也云取其黈纊塞耳不任視聽者黈纊黃緜也案今禮圖衮冕以下皆有充耳天子以黈纊諸侯以青纊以其冕旒垂曰黈纊塞耳欲使無爲清靜以化其民故不任視聽也

子曰人無遠慮必有近憂王曰君子當思患而預防之疏子曰人無遠慮必有近憂○正義曰此章戒人備豫不虞也○注王曰君子當思患而預防之

片屑

「如易名為屑之（説吾友）」

戊辰十七 勉業可見者不限五朝以後

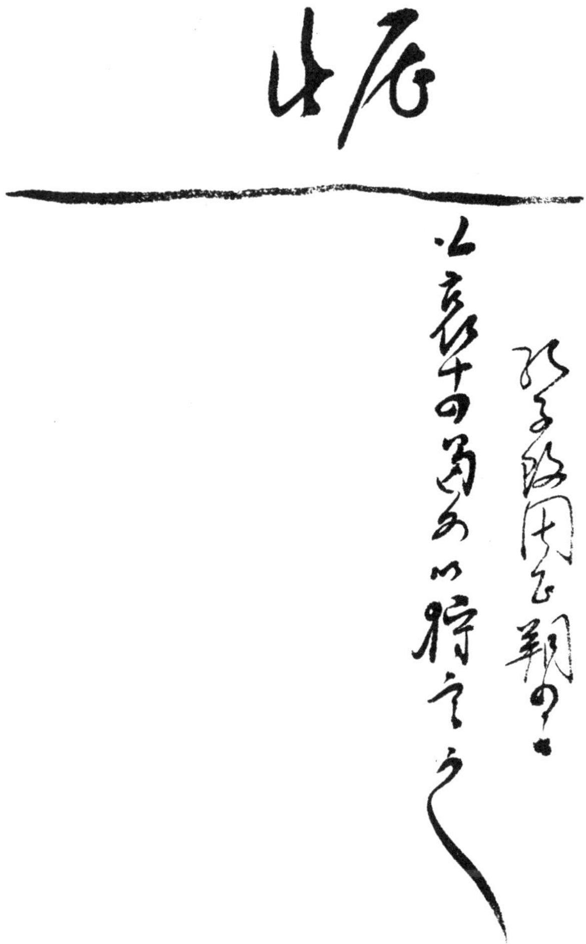

北辰

[illegible]文六

閏月爲餘月天子不告朔故不數

厤法

○於是閏三月非禮也於厤法閏當在僖公末年誤於今年三月置閏蓋時達厤者所譏先王之正時也履端於始舉正於中歸餘於終步厤之始以爲術之端首朞之日三百六十有六日日月之行又有遲速而必分爲十二月舉中氣以正月有餘日則歸之於終積而爲閏故言歸餘於終○朞居其反履端於始序則不愆四時無愆過○愆起虔反舉正於中民則不惑斗建不失其次寒暑不失其常故無疑惑歸餘於終事則不悖四時得所則事無悖亂○悖必內反疏於是至不悖○正義曰於是年魯厤置閏閏三月非禮也言於禮置閏不當在此月也因論置閏之法先王之正時也履端於始履步也謂推步厤之初始以爲術厤之端首舉月之正半在於中氣歸其餘分置於終末言於終末乃置閏也更復申之履端於始序則不愆謂四時之序不愆過也舉正於中民視瞻則不疑惑也歸餘於終於時事則不悖亂也此年不合置閏而置閏則不是歸餘於終故爲非禮

文元

履端於 於首定年條分

舉正於中

歸餘於終

古今曆法推闡術

古厤大率年一章二七閏而一閏率月……

年

首

閏以閏月中某某日臨朔 以朔以稱月朔於建辰

未

厤法

不知紀年　而不知厤

良霄出奔傳。好呼報反下遐反○三月癸未晉悼夫人食輿人之城杞者輿眾也城杞在往年。食音似輿音餘絳縣人或年長矣無子而往與於食有與疑年使之年使言其年。長丁丈反疏有與至之年○正義曰有與同食者問此老人之年不告以實疑其年也使之年者更使言其真年也曰臣小人也不知紀年臣生之歲正月甲子朔四百有四十五甲子矣其季於今三之一也所稱正月謂夏正月也三分六甲之一得甲子甲戌盡癸未。夏戸雅反吏走問諸朝皆不知故問之。吏走一本作使走如字速疾之意也一曰走使之人也服虔王肅本作吏云吏不知厤者疏吏走問諸朝○正義曰俗本吏作使服虔云吏不知厤數故走問於卿大夫王肅云吏不知厤也師曠曰魯叔仲惠伯會郤成子于承匡之歲也在文十一年疏師曠至歲也○正義曰劉炫云傳之敘事自可以魯爲主若載人語則當如其本言此師曠晉人自道晉事當云郤成子會魯叔仲惠伯所以云叔仲惠伯會郤成子于承匡之歲者丘明意在以魯爲主遂使此言反耳丘明尚不免於此況後解說者乎今知非者凡魯史所記云公卿會某侯者皆據公卿往會他若他來會我則以他爲文若衞侯會公于沓鄭伯會公于棐是也今郤成子在承匡魯往會之以晉爲主晉人之言正是其宜劉炫以爲晉人不當稱叔仲惠伯會郤成子以爲丘明之誤恐非也是歲也狄伐魯叔孫莊叔於是乎敗狄于鹹獲長狄僑如及虺也豹也而皆以名其子七十三年矣叔孫僑如叔孫豹皆取長狄名。鹹音咸僑其驕反虺虛鬼反疏是歲至年矣○正義曰敗狄于鹹事在彼歲未必其年頓生三子當是欲表其功雖在後生子追以前事名之史趙曰亥有二首六身史趙晉大史亥字二畫在上併三六爲身如算之六。畫音獲下同下二如身是其日數也下亥上二畫豎置身旁疏史趙至數也○正義曰二畫爲首六畫爲身下首之二畫並之使如其身旁則是生來日數也因亥畫似算位故假之以爲言其本作亥字不爲此也案字書古之亥字體殊不然蓋春秋之時亥字有二六之體異於古制其說文是小篆之書又異於此說文云亥荄也十月微陽起接盛陰從二二古文上字一人男一人女也從乙象懷子咳咳之形也士文伯曰然則二萬六千六百有六旬也文伯士弱之子疏士文至旬也○正義曰文十一年至此年爲七十四年而上云七十三年案文十一年正月甲子朔爲夏之正月是其年三月也此年之二月癸未是夏之十二月計爲七十三年猶尚年未終也假作全年算之置七十三年以全日三百六十五日乘之已得二萬六千六百四十五日也每年有四分日之一是四年而成一日以四除七十三年又得十八日并全日爲二萬六千六百六十三日計終此十二月盡有二萬六千六百六十三日四分日之一今除去三日四分日之一整取六旬合當十二月二十七日今杜長厤云二十三日癸未是少四日所以不與常厤同者蓋杜爲長厤約準春秋日月以爲長厤與常厤不同故置閏遠近不定蓋七十三年之內於常厤校四个大月而剩用四日故癸未爲二十三日若依常厤是二十七日也劉炫云所以少三日者文十一年非首章年其間閏有前却故長厤此月辛酉朔二十三日得癸未來月庚寅朔計至朔長二日長厤去年閏八月由閏近故也

歷法

浹日——十日——既棄古歲以卅六日為年之十分
浹辰——十二

一興

在成八浹辰之間

也。○注於厤至所識。○正義曰古今厤法推閏月之術皆以閏餘減章歲餘以歲中乘之章閏而一所得爲積月命起天
正筭外閏所在也其有進退以中氣定之無中氣則閏月也古厤十九年爲一章章有七閏入章三年閏九月六年閏六
月九年閏三月十一年閏十一月十四年閏八月十七年閏四月十○九年閏十二月此據元首初章若於後漸積餘分大
率三十二月則置閏不必恒同初章閏月僖五年正月辛亥朔日南至治厤者皆以彼爲章首之歲漢書律厤志云文公
元年距僖五年辛亥二十九歲是歲閏餘十三閏當在十一月後而在三月故傳曰非禮也志之所言閏當在此年十一
月後今三月已卽置閏是嫌閏月大近前也杜以爲僖三十年閏九月文二年閏正月故言於厤法閏當在僖公末年誤
於今年置閏嫌置閏大近後也杜爲長厤置閏疏數無復定準凡爲厤者閏前之月中氣在晦閏後之月中氣在朔僖五
年正月朔旦冬至則四年當閏十二月也杜長厤僖元年閏十一月五年閏十二月與常厤不同者杜以襄二十七年再
失閏司厤過昭二十年二月己丑日南至哀十二年十二月螽云火猶西流司厤過則春秋之世厤法錯失所置閏月或
先或後不與常同杜唯勘經傳上下日月以爲長厤若日月同者則數年不置閏月若日月不同須置閏乃同者則未滿
三十二月頻置閏所以異於常厤故釋例云春秋日有頻月而食者有曠年不食者理不得一一如筭以守恒數故厤無
有不失也始失於毫毛尚未可覺積而成多以失弦望朔晦則不得不改憲以順之書所謂欽若昊天厤象日月星辰易
所謂治厤明時言當順天以求合非苟合以驗天者也故當脩經傳日月以考晦朔以推時驗下又云據經傳微旨考日
辰晦朔以相發明爲經傳長厤未必得天蓋春秋當時之厤也是杜自言不與常厤同。○注步厤至於終。○正義曰日月
轉運於天猶如人之行步故推厤謂之步厤步厤之始以爲術之端首謂厤之上元必以日月全數爲始於前更無餘分
以此日爲術之端首故言屨端於始也朞之日三百六十有六日謂從冬至至冬至必滿此數乃周天也日月之行有遲
有速日行遲月行速凡二十九日過半月行及日謂之一月過半者謂一日於厤法分爲九百四十分月行及日必四百
九十九分是過半二十九分今一歲氣周有三百六十五日四分日之一其十二月一周唯三百五十四日是少十一日
四分日之一未得氣周細而言之一歲止少弱十一日所以然者一月有餘分二十九一年十二月有餘分三百四十八
是一歲既得三百五十四日又得餘分三百四十八其四分日之一一日爲九百四十分則四分日之一爲二百三十五
分今於餘分三百四十八內取二百三十五以當卻四分日之一餘分仍有一百一十三其整日唯有十一日又以餘分
一百一十三減其一日九百四十分唯有八百二十七分是一年有餘十日八百二十七分少一百一十三分不成十一
日也劉炫云則一歲爲十二月猶有十一日有餘未得周也分一周之日爲十二月則每月常三十日餘計月及日爲一
月則每月唯二十九日餘前朔後朔相去二十九日餘前氣後氣相去三十日餘每月參差氣漸不正但觀中氣所在以
爲此月之正取中氣以正月故言舉正於中也月朔之與月節每月剩一日有餘所有餘日歸之於終積成一月則置之
爲閏故言歸餘於終。○注斗建至疑惑。○正義曰閏後之月中氣在朔則斗柄月初已指所建之辰閏前之月中氣在晦
則斗柄月末方指所建之辰故舉月之正在於中氣則
斗柄常不失其所指之次如是乃得寒暑不失其常

歷法

○齊侯使連稱管至父戍葵丘連稱管至父皆齊大夫戍守也葵丘齊地臨淄縣西有地名葵丘○稱尺證反又如字瓜時而往曰及瓜而代期戍公問不至問命也○期音基本亦作朞請代弗

左莊八

勉索此又考知以質以補矣

歷法

日入至星出謂之昔

經七年春夫人姜氏會齊侯于防防魯地○夏四月辛卯夜恒星不見恒常也謂常見之星辛卯四月五日月光尚微蓋時無雲日光不以昏沒○不見賢遍反注及傳皆同疏七年注恒常至昏沒○正義曰恒常釋詁文夜者自昏至旦之摠名但此經不言夜中則此言夜者夜未至中謂初昏之後耳非竟夜不見星也穀梁夜作昔傳曰日入至於星出謂之昔不見者可以見也必如彼言星出以前名之曰昔則名昔之時法當未有星矣何以怪其不見而書爲異也明經所言夜者夜昏之後星應見之時而不見耳公羊傳曰恒星者何列星也言天宮列宿常見之星也於時周之四月則夏之仲春月令仲春之月日在奎昏弧中鄭玄云弧在輿鬼南則於時南方之星盡當列見謂常見之星者謂南方星也杜以長厤按之知辛卯是四月五日也杜以五日月光尚微不能奄星使不見若有雲蔽當時復無雲蓋日光不以昏沒是故以爲異也夜中星隕如雨如而也夜半乃有雲星落而且雨其數多皆記異也日光不匿恒星不見而云夜中者以水漏知之○夜中夜半也丁仲反又如字隕于閔反落也匿女力反疏注如而至知之正義曰辛說如雨者言其狀似雨也此傳言星隕如雨與雨偕也偕訓爲俱與雨俱下不得爲狀似雨也故轉如爲而謂星落而且雨其數多與雜下所落非一星也非常爲異害物爲災此二事雖是天之變異不見物被災害皆記異也星隕非常固可記異雨乃常事亦言之者見星之隕其勢宜明時乃陰雨雨內見星所以爲異主言星之異不言雨之爲異也夜之早晚以星爲驗日光不匿恒星不見而云夜中者以水漏知之漏者晝夜百刻於時春分之月夜當五十刻二十五刻而夜半也○秋大水無傳○無麥苗今五月周之秋平地出水漂殺熟麥及五稼之苗○漂匹妙反又匹遙反疏注今五至之苗○正義曰直言無麥苗似是麥之苗而知麥苗別者公羊傳曰曷爲

左廿卅七

收曆

書聞雅生藏

漢書補注律曆志上 胡錫予作

書則不誖下

元年七月辛卯入長入廟室

漢書律歷志世云九年歲補注廿三万八

附注

曆

古曆[illegible]我國奉行者亡　漢六曆法何託

以年月錄曆

漢魏以來曆譜及嚴同年一代本卷

補注

自周至清寫紀三千年表

辰化

十二支古始寅終丑

說文日讀會部影響　月十二辰卅十二支也古代始寅

後世冬至歲首可徵史記律書雜王讀辛丑

據十二節辛于丑是章初據以古周禮□藴

氏鄭注日辰經傳至亥說文亥終于亥

見章東所能古的

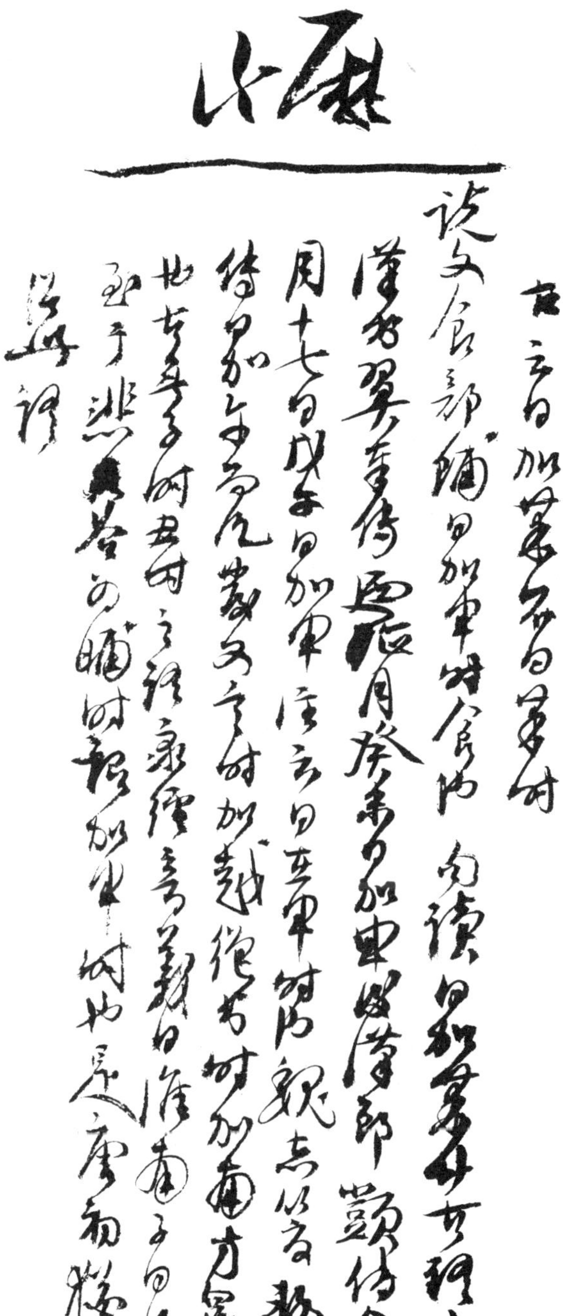
曆法

麇音麕麛子
按自甲子起周一甲子六十日

至睹甲子木行御。謂春日既至睹甲子用木行御時也天子出令命左右士師內御。謂內侍之官也總別列爵。謂總別等列之爵也論賢不肖士吏。論士吏之賢與不肖當有所黜陟也賦祕賜。祕藏之物而賦賜之也出賞於四境之

管子　卷十四　六　埽葉山房石印

內。發故粟以田數。故粟陳也以田數多少用陳粟給人使得務農出國衡。順山林禁民斬木。所以愛草木也。然則冰解而凍釋。草木區萌。萌芽區別而生也贖蟄蟲卵菱。贖猶去也卵皀菱芡也皆早春而生也春辟勿時。春當耕闢無得不及時也苗足本。足猶擁也春生之一擁其本不癘雛鷇。癘殺也雛鷇隨母食者不夭麑麇。毋傅

又零十二日得丙子故曰七十二日而畢蓋五七三百五十日又五二爲十日通三百六十日一年之數也注非

速○麑鹿子也亡傷襁褓○襁褓之嬰孩無得損傷也時則不凋○若能行上事春則繁茂而不凋枯也七十二日而畢春當九十日而令七十二日而畢者則季月十八日屬土位故也睹丙子火行御天子出令○命行人內御○行人行使之官也令掘溝澮津舊塗○舊塗謂先時濟水處當設其津梁也發藏任君賜賞○任委也藏中委積物當發用之即以充君之賞賜也君子修游馳以發地氣○游馳謂游戲馳馬也出皮幣○命行人修春秋之禮於天下○諸侯通天下○遇者兼和○春秋二時聘問之禮然則天無疾風草木發奮鬱氣息○謂鬱蒸之氣止息也民不疾而榮華蕃七十二日而畢○睹戊子土行○御天子出令○命左右司徒內御○命司徒御理夏政也不誅不貞○貞正也太陽用事時方長育故無所誅戮無責正以助養氣也農事為敬○夏時農事尤甚順而敬之也大揚惠言○言大舉仁惠之事也寬刑死○緩罪人○皆所以助養氣也出國司徒令○命順民之功力○以養五穀○君子之靜居○陰氣方生故靜居以遵也而農夫修其功力極○然則天為粵宛○粵厚也宛順也天為厚順不逆時氣也草木養長○五穀蕃實秀大○六畜犧牲具○民足財國富上下親○諸侯和○七十二日而畢○睹庚子金行○御天子出令○命祝宗選禽獸之禁○禁謂勞圍圜所養擬供祭祀也五穀之先熟者○先熟則黍稷也

而薦之祖廟與五祀。五祀謂門行戶竈中霤鬼神饗其氣焉，君子食其味焉。然則涼風至，白露下。天子出令，命左右司馬衍組甲厲兵。組甲謂以組貫甲也以合什為伍。謂立什人之長為伍以修於四境之內。謏然告民有事，所以待天地之殺斂也。謏悅順貌有事謂出師以伐不服象天地殺斂也然則晝炙陽，夕下露，地競環。環炙實貌方秋之時晝則暴炙夕則下寒露而潤之陰陽更生故地氣交競而炙實五穀鄰熟。鄰紫也陰陽氣足故紫熟草木茂實。歲農豐年大茂。七十二日而畢。睹壬子水行。御天子出令。命左右使人內御。御其氣足則發而止。使人御理冬政其閉藏之氣足則發令休止也其氣不足。則發撊瀆盜賊。撊謂遮禁也羣聚之謂其閉藏之氣不足則撊防盜賊以助其閉藏之氣也數剶竹箭。言數剶削竹箭以為矢也伐檀柘。伐檀柘所以為弓也令民出獵禽獸。不釋巨少而殺之。所以貴天地之所閉藏也。貴天地閉藏故收獵取禽以助也然則羽卵者不段。段謂離散不成毛胎者不贕。贕謂胎敗潰也⿰月黽婦不銷弃。⿰月黽古孕字銷弃謂散壞也草木根木美。閉藏實堅則根木美凡此皆順冬閉藏之政所致也七十二日而畢。睹甲子木行。御天子不賦不賜賞而大斬伐傷。此已下言逆時政所致災禍也君危不殺。太子危。家人夫人死。若君雖危而不見殺則又太子危而家人夫人有死禍也不然則長子死。知無家人夫人死則長子死七十二日而畢。逆氣亦畢於七十二日也睹丙子火行。御天子敬行急政。旱札苗死民厲。札夭死也厲疫死時當寬緩而乃急故有旱札疫之災也七十二日而畢。睹戊子土行。御天子修宮室。築臺榭。君危。土方用事而修宮室以動亂之故君有危亡之禍外築城郭。臣死。築城郭動土危故其臣死七十二日而畢。土王在六月而得七十二日者則每季得十八故也睹庚子金行。御天子攻山擊石。有兵作戰而敗。士死喪執政。時方收斂而乃攻山擊石故致兵器之禍也七十二日而畢。睹壬子水行。御天子決塞。動大水。王后夫人薨。不然。則羽卵者段。毛胎者臏。腜婦銷弃。草木根本不美。七十二日而畢也。

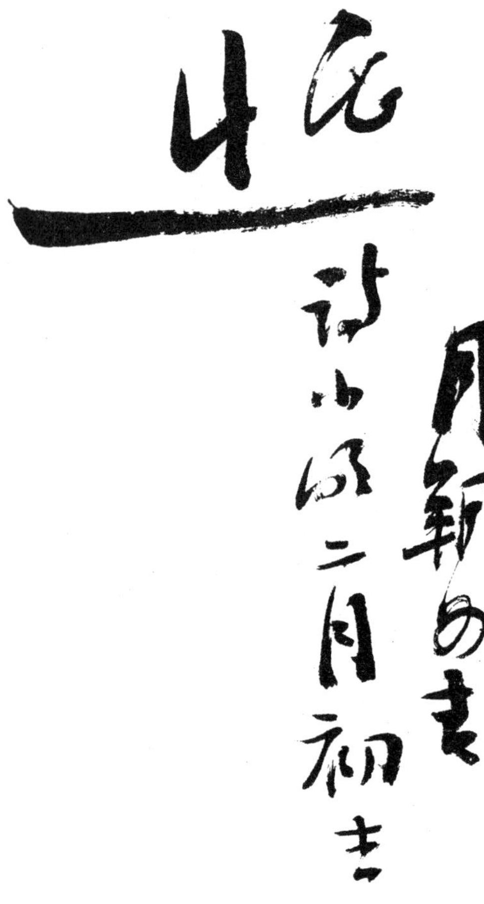

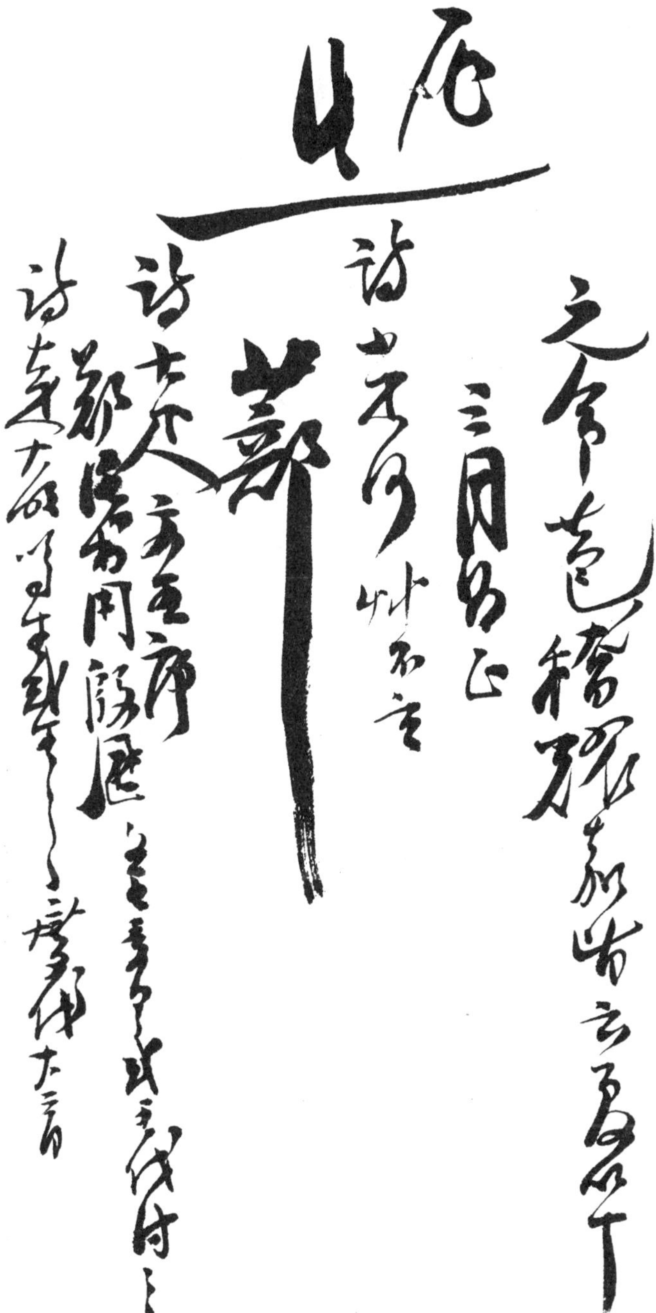

歷[illegible]

容成作歷，大撓作甲子。

以其年云容成作歷大撓作甲子之人，時黃帝之臣，舊說自黃帝以來始用甲子紀日，無年月爲甲子。周書協時月正日，傳疏

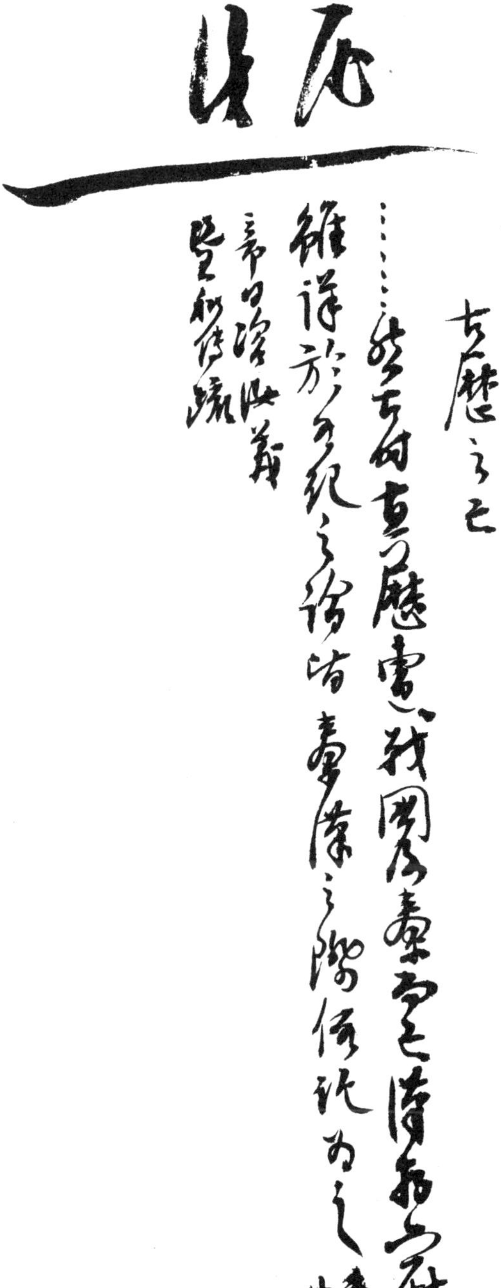
曆法
古曆之亡

時辰

傳人分晝夜時刻之誤

○傳日中至可知○正義曰其仲春仲秋冬至夏至馬融云古制刻漏晝夜百刻晝長六十刻夜短四十刻晝短四十刻夜長六十刻晝中五十刻夜亦五十刻融之此言據日出見爲說天之晝夜以日出入爲分人之晝夜以昏明爲限日未出前二刻半爲明日入後二刻半爲昏損夜五刻以裨於晝則晝多於夜復校五刻古今歷術與太史所候皆云夏至之晝六十五刻夜三十五刻冬至之晝四十五刻夜五十五刻春分秋分之晝五十五刻夜四十五刻此其不易之法也然今太史細候之法則校常法半刻也從春分至于夏至晝暫長增九刻半夏至至于秋分所減亦如之從秋分至于冬至晝暫短減十刻半從冬至至于春分其增亦如之又於每氣之閒增減刻數有多有少不可通而爲率漢初未能審知率九日增減一刻和帝時待詔霍融始請改之鄭注書緯考靈曜仍云九日增減一刻猶尚未覺誤也鄭注此云日長者日見之漏五十五刻日短者日見之漏四十五刻與歷不同故王肅難云知日見之漏減晝漏五刻不意馬融爲傳已減之矣因馬融所減而又減之故日長爲五十五刻因以冬至反之取其夏至夜刻以爲冬至晝短此其所以誤耳

範此

一

同之十位
差逆日朔已移后中晨

歷代曆籍

月令記時候例

節氣劉歆始改後漢復初同月令

節氣之義

七十二候

條風――東風

月令出於先――入禮記當古

物――而入周令――不以古者於

○東風解凍蟄蟲始振魚上冰獺祭魚鴻鴈來

皆記時候也振動也夏小正正月啓蟄魚陟負冰漢始亦以驚蟄爲正月中此【疏】東風至鴈來○正義曰此記正月之
時魚肥美獺將食之先以祭也鴈自南方來將北反其居今月令鴻皆爲候時候然十二月之時候體例不一而
正月七月記時候凡有五句自餘皆四句多少不同者時候多則五句少則四句無義例也其二至二分之月皆再記於
時候者以二至是陰陽之始終二分是陰陽之交會是節之大者故再記之季春亦記時候者蠶將生故記其蠶候也
故季春鳴鳩拂其羽戴勝降于桑注蠶將生之候是也凡記時候先言者則氣候在前後言者則氣候在後言蟄蟲始振
者謂正月中氣之時蟄蟲得陽氣初始振動至二月乃大驚而出對二月故云始振云魚上冰者魚當盛寒之時伏於水
下逐其溫暖至正月陽氣既上魚游於水上近於冰故云魚上冰也○注夏小至爲候○正義曰夏小正大戴禮之篇名
云正月啓蟄者證經中蟄蟲始振始振則啓蟄也云魚陟負冰者陟升也謂魚從水下升於冰上而負冰證經中魚上冰
云漢始亦以驚蟄爲正月中者以漢之時立春爲正月節驚蟄爲正月中氣雨水爲二月節春分爲二月中氣至前漢之
末以雨水爲正月中驚蟄爲二月節故律曆志云正月立春節雨水中二月驚蟄節春分中是前漢之末劉歆作三統曆

改驚蟄爲二月節鄭以舊厤正月啓蟄即驚也故云漢始亦以驚蟄爲正月中但蟄蟲正月始驚二月大驚故在後移驚蟄爲二月節雨水爲正月中凡二十四氣按三統厤正月節立春雨水中二月節驚蟄春分中三月節穀雨清明中四月節立夏小滿中五月節芒種夏至中六月節小暑大暑中七月節立秋處暑中八月節白露秋分中九月節寒露霜降中十月節立冬小雪中十一月節大雪冬至中十二月節小寒大寒中按通卦驗及今厤以清明爲三月節穀雨爲三月中餘皆與律厤志並同謂之雨水者言雪散爲雨水也謂之驚蟄者蟄蟲驚而走出謂之穀雨者言雨以生百穀謂之清明者謂物生清淨明潔謂之小滿者言物長於此小得盈滿謂之芒種者言有芒之穀可稼種謂之小暑大暑者就極熱之中分爲小大月初爲小月半爲大謂之處暑者謂暑既將退伏而潛處謂之白露者陰氣漸重露濃色白謂之寒露言露氣寒將欲凝結謂之小雪大雪者以霜雨凝結而雪十月猶小十一月轉大謂之小寒大寒者十二月極寒之時相對爲大小月初寒爲小月半寒爲大凡二十四氣氣有十五日有餘每氣中半分之爲四十八氣氣有七日半有餘故鄭注周禮云有四十八箭是一氣易一箭也凡二十四氣每三分之七十二氣氣間五日有餘故一年有七十二候也故通卦驗冬至之前五日商賈不行兵甲伏匿人主與羣臣左右從東爾五日以五日一候也按通卦驗云立春雨水降條風至雉雊雞乳冰解條風即東風也冰解即解凍也與月令同雨水者謂節氣早月初雨水也雉雊雞乳於月令在季冬若節氣晚亦得退在正月通卦驗云正月中猛風至注云猛風動搖樹木有聲者猛風即東風之甚也獺祭魚與此同按下季冬鴈北鄉據其從南始北正月來至中國故此云鴻鴈來但來有先後後者二月始來故通卦驗二月節云候鴈北云今月令諸昔爲候者但月令出有先後入禮記者爲古不入禮記者爲今則呂氏春秋是也鴻字昔爲候也

益春

除月

歲暮我行在四月暮除 往除除除之聲 除の除

除

除 上

傳除除陳生新。正義曰上云二月初吉謂始行之時故言除陳生新二月也下章云日月方奧傳曰燠卽春温亦謂二月。箋四月至不得歸。正義曰四月爲除釋天文今爾雅除作余李巡曰四月萬物皆生枝葉故曰余余舒也孫炎曰物之枝葉敷舒然則鄭引爾雅當同李巡等除余字雖異音實同也方除之下卽云曷云其還是至卽望歸故云至于艽野以四月自謂其時將卽歸也言歲聿云莫是未歸之辭若歲莫得歸不須發此言矣故云乃至歲晚尚不歸也凡言往矣似是始行之辭此得爲往到艽野者往者從此適彼之辭在此言之爲始行據彼言之爲往到自歲聿云莫以下皆是在彼之辭故謂初到彼地爲往矣易傳者以行之思歸當至所往之處乃可還不應發始已望歸也又下章云四月方奧文與此同洪範庶徵曰燠曰寒寒爲冬則燠爲夏矣若毛以方燠爲二月之初則接於正月之末時尚有霜不可云燠且爾雅稱四月爲除故據以易傳也

正月夏之四月

正月大夫刺幽王也。正音政 正月繁霜我心憂傷正月夏之四月繁多也箋云夏之四月建巳之月純陽用事而霜多急恒寒若之異傷害萬物故心爲之憂傷。繁扶袁反夏胡雅反下同巳音似爲于僞反 民之訛言亦孔之將將大也箋云訛僞也人以僞言相陷入使王行酷暴之刑致此災異故言亦甚大也。酷苦毒反 念我獨兮憂心京京哀我小心癙憂以痒京京憂不去也癙痒皆病也箋云念我獨兮者言我獨憂此政也。癙音鼠字林癙音恕痒音羊

疏 正月十三章上八章章八句下五章章六句。正月至以痒。正義曰時大夫賢者觀天災以傷政教故言正陽之月而有繁多之霜是由王急酷之異以致傷害萬物故我心爲之憂傷也有霜由於王急王急由於訛言則此民之訛言爲害亦甚大矣害既如此念我獨憂此政兮憂在於心京京然不能去哀憐我之小心所遇癙憂此事以至於身病也憂之者以王信訛言百姓遭害故所以憂也。傳正月夏之四月。正義曰以大夫所憂則非常霜之月若建寅正月則固有霜矣不足憂也昭十七年夏七月甲戌朔日有食之左傳曰祝史請所用幣平子禦之曰止也唯正月朔慝未作日有食之於是乎有伐鼓用幣其餘則否太史曰在此月也經書六月傳言正月太史謂之在此月是周之六月爲正月也周六月是夏之四月故知正月夏之四月也謂之正月者以乾用事正純陽之月傳稱慝未作謂未有陰氣故此箋云純陽用事也若然易稽覽圖云正陽者從二月至四月陽氣用事時也獨以爲四月者彼以卦之六爻至二月大壯用事陽爻過半故謂之正陽與此異也。箋憂之至憂傷。正義曰急恒寒若洪範咎徵文也彼注云急促也若順也五事不得則咎氣而順之言由君急促太酷致常寒之氣來順之故多霜也反常謂之異時不當有霜而有霜是異也四月之時草木已大故言傷害萬物也鄭駁異義與洪範五行傳皆云非常曰異害物曰災則此傷害萬物宜爲災而云異者災異對則別散則通故莊二十五年左傳曰凡天災有幣無牲彼爲日食之異而言災也此以非時而降謂之異據其害物又謂之災下箋云致此災異是義通故言之

曆法

特者言武公專任已身不與賢人圖事孤寡特立也兼其宗族者昭侯以下爲君於晉國者是武公之宗族武公兼有之也武公初兼宗國宜須求賢而不求賢者故刺之經二章皆責君不求賢人之事也

有杕之杜生于道左興也道左之陽人所宜休息也箋云道左道東也日之熱恒在日中之後道東之杜人所宜休息也今人不休息者以其特生陰寡也興者喻武公初兼其宗族不求賢者與之在位君子不歸似乎特生之杜然○陰於鴆反又如字本亦作蔭同○**彼君子兮噬肯適我**噬逮也箋云肯可適之也彼君子之人至於此國皆可求之我君所君子之人義之與比其不來者君不求之○噬市世反韓詩作逝逝及也比毗志反**中心好之曷飲食之**箋云曷何也言中心誠好之何但飲食之當盡禮極歡以待之○好呼報反下同飲於鴆反下文同食音嗣下同○

疏 有杕至食之○正義曰言有杕然特生之杜生於道路之左人所宜休息今日所以人不休息者由其孤特獨生陰涼寡薄故也以與武公一國之君人所宜往仕今日所以人不往仕者由其孤特爲君不求賢者故也因教武公求賢之法彼君子之人兮但能來逮於我國者皆可使之適我君之所何則君子之人義之與比故求則得之今不求者由君之不求之耳君欲求之當如之何君當忠心誠實好之何但飲食而已當盡禮極歡以待之則賢者自至矣○箋道左至杜然○正義曰王制云道路男子由右婦人由左言左右據南嚮西嚮爲正在陰爲右在陽爲左故傳言道左之陽箋以爲道東也物積而後始極既極而後方衰從旦積煖故日中之後乃極熱從昏積涼故半夜之後始極寒計一歲之日分乃爲陰陽當以仲冬極寒仲夏極暑而六月始大暑季冬乃大寒亦此意○

道〻左右猶南向西向而已

日〻積熱在日中以後

六月大暑季冬大寒

挈壺氏　漏刻之職

東方未明刺無節也朝廷興居無節號令不時挈壺氏不能掌其職焉號令猶召呼也挈壺氏掌漏刻者○朝直遙反注皆同挈苦結反又言結壺音胡挈壺氏掌漏刻之官。疏東方未明三章章四句至職焉○正義曰作東方未明詩者刺無節也所以刺之者哀公之時朝廷起居或早或晚而無常節度號令召呼不以其時人君置挈壺氏之官使主掌漏刻以昏明告

君令朝廷無節由挈壺氏不能掌其職事焉故刺君之無節且言置挈壺氏之官不得其人也朝廷是君臣之摠辭此則非斥言其君也興起也居安坐也言君之坐起無時節也由起居無節故號令不時即經上二章是也挈壺氏不能掌其職卒章是也○箋號令至刻者○正義曰以經言自公召之故云號令猶召呼也挈壺氏於天子爲司馬之屬其官士也故夏官序云挈壺氏下士六人注云挈讀如挈髮之挈壺盛水器也世主挈壺水以爲漏然則挈壺者懸繫之名刻謂置箭壺內刻以爲節而浮之水上令水漏而刻下以記晝夜昏明之度數也以序言不能掌其職焉故舉其所掌之事也○

折

柳樊圃狂夫瞿瞿柳柔脆之木樊藩也圃菜園也折柳以爲藩園無益於禁矣瞿瞿無守之貌古者有挈壺氏以水火分日夜以告時於朝箋云柳木之不可以爲藩猶是狂夫不任挈壺氏之事○折之舌反圃音布又音補樹菜蔬曰圃瞿俱具反脆七歲反藩方元反。不能辰夜不夙則莫辰時夙早莫晚也箋云此言不任其事者恒失節數也○莫音暮○疏折柳至則莫○正義曰此言折柳木以爲藩菜果之圃則柳木柔脆無益於圃之禁以喻用狂夫以爲挈壺之官則狂夫瞿瞿然不任於官之職由不任其事恒失節度不能時節此夜之漏刻不太早則太晚常失其宜故令起居無節以君任非其人故刺之○傳柳柔至於朝○正義曰言柳柔脆之木者欲取無益於禁故以柔脆解之樊藩也釋言文孫炎曰樊圃之藩也郭璞曰謂藩籬也種菜之地謂之圃其外藩籬謂之圃故云圃菜園也太宰九職二曰園圃毓草木注云樹果蓏曰圃園其藩也是圃內可以種菜又可以樹果蓏其外列藩籬以爲樊柳是柔脆之物以手折而爲藩無益於禁以喻狂夫不任挈壺之職也蟋蟀云良士瞿瞿瞿爲良士貌故傳云瞿瞿然顧禮義此言狂夫瞿瞿謂狂愚之夫故言瞿瞿無守之貌爲精神不立志無所守故不任居官也序云挈壺氏不能掌其職則狂夫爲挈壺氏矣故又解其瞿瞿之意古者有挈壺氏以水火分日夜謂以水爲漏夜則以火照之冬則冰凍不下又當置火於傍故用水用火準晝夜共爲百刻分其數以爲日夜以告時節於朝職掌如此而今此狂夫瞿瞿然志無所守分日夜則參差不齊告時節則早晚失度故責之也挈壺氏職曰凡喪縣壺以代哭皆以水火守之分以日夜及冬則以火爨鼎水而沸之而沃之注云代更也禮未大斂代哭以水守壺者爲沃漏也以火守壺者夜則視

刻數也分以日夜者異晝夜漏也漏刻之箭晝夜共百刻冬夏之間則有長短焉太史立成法有四十八箭是其分日夜之事言冬夏之間有長短者案乾象歷及諸歷法與今大史所候皆云冬至則晝四十五夜五十五夏至則晝六十五夜三十五春秋分則晝五十五半夜四十四半從春分至於夏至晝漸長增九刻半從夏至至於秋分所減亦如之從秋分至於冬至晝漸短減十刻半從冬至至於春分所加亦如之又於每氣之間加減刻數有多有少其事在於歷術以其筭數有多有少不可通而爲率故太史之官立爲法定作四十八箭以一年有二十四氣每一氣之間又分爲二通率七日強半而易一箭故周年而用箭四十八也歷言晝夜者以昬明爲限馬融王肅注尚書以爲日永則晝漏六十刻夜漏四十刻日短則晝漏四十刻夜漏六十刻日中宵中則晝夜各五十刻者以尚書有日出日入之語遂以日見爲限尚書緯謂刻爲商鄭作士昬禮目錄云日入三商爲昬舉全數以言耳其實日見之前日入之後距昬明各有二刻半減晝五刻

十三經注疏　詩五之一　國風　齊　四

以裨夜故於歷法皆多校五刻也鄭於堯典注云日中宵中者日見之漏與不見者齊也日永者日見之漏五十五刻日不見之漏四十五刻又與馬王不同者鄭言日中宵中者其漏齊則可矣其言日永日短之數則與歷甚錯馬融言晝漏六十夜漏四十減晝以裨夜矣鄭意謂其未減又減晝五刻以增之是鄭之妄說耳漏刻之數見在史官古今歷者莫不符合鄭君獨有此異不可強爲之辭案挈壺之職唯言分以日夜不言告時於朝春官雞人云凡國事爲期則告之時注云象雞知時然則告時於朝乃是雞人此言挈壺告時者以序云興居無節挈壺氏不能掌其職明是挈壺告之失時故令朝廷無節也蓋天子備官挈壺掌漏雞人告時諸侯兼官不立雞人故挈壺告也庭燎箋云王有雞人之官是鄭意以爲唯王者有雞人諸侯則無也○傳辰時夙早莫晚○正義曰釋訓云不辰不時也是辰爲時也夙早釋注文暮與早對故爲晚○

曆法（儀禮）

一食九飯之頃

凡言更踊者主人踊主婦踊賓乃踊三者三爲拾也如食閒隱之如尸一食九飯之頃也疏如食閒○注隱之至頃也○釋曰隱之者謂闔牖戶也九飯之頃時節也祝升止哭聲三啓戶聲者噫歆也將啓戶警覺神也今文啓爲開疏祝升至啓戶○注聲者至爲開○釋曰云聲者噫歆也者若曲禮云將上堂聲必揚故云將啓戶警覺神也主人入親之疏主人入○注親之○釋曰

士虞禮記　儀禮四十二

此石

辰正——朝夕日中

弓者謚虞時脊杜之事 日中而行事 朝葬日中而虞君子舉事必用辰正也再虞三虞皆質明 疏 日中而行事。注朝葬至質明。釋曰云辰正者謂朝夕日中也以朝有葬事故至日中而行虞事也云再虞三虞皆質明者以朝無葬事故皆質明而行虞事是用朝之辰正也 殺于廟門西主人不視豚解 主人視牲不視殺凡爲喪事畧也豚解解前後脛脊脅而已孰乃體解升於鼎也今文無

士虞礼（記） 仪礼四十二

主人出婦人踊出門哭止皆復位闔門主人卒拜送賓揖衆主人乃就次朔月奠用特豚

魚腊陳三鼎如初東方之饌亦如之朔月月朔日也自大夫以上月半又奠如初者謂大斂時疏○注朔月至斂時○釋曰知大夫以上月半又奠者下經云月半不殷奠士不者大夫以上則有之謂若下文云不述命大夫巳上則有之又若特牲云士不諏日大夫巳上則諏諸士言不者大夫巳上則皆有之故知大夫以上又有月半奠也云如初者謂大斂時者以其上陳大斂事此言如初故知如大斂時也

無籩有黍稷用瓦敦有蓋當籩位黍稷併於鼏北也於是始有黍稷死者之於朔月月半猶平常之朝夕大祥之後則四時祭焉疏○注黍稷至祭焉○釋曰云於是始有黍稷者始死以來奠不言黍稷至此乃言之故云於是始有黍稷也云死者之於朔月月半猶平常之朝夕之常食也案既夕記云燕養饋羞湯沐之饌如他日注云燕養平常所用供養也饋朝夕食也羞四時之珍異若然彼謂下室中不異於生時殯宮中則無黍稷今至朔月月半乃有之若朔月月半殯宮中有黍稷下室則無故既夕記云朔月若薦新則不饋于下室注云以其殷奠有黍稷也下室如今之內堂是也是以云猶平常朝夕決之也云大祥之後則四時祭焉者士虞禮禫月吉祭猶未配是大祥之後得四時祭若虞祭之後卒哭之等雖不四時亦有黍稷是其常也

主人拜賓如朝夕哭卒徹徹宿奠也舉鼎入升皆如初奠之儀卒朼釋匕于鼎俎行朼者逆出甸人徹鼎其序醴酒菹醢黍稷俎俎行者俎後執執俎者行鼎可以出其序升入之次疏○注俎行至之次○釋曰云俎行者俎後執執俎者行鼎可以出者案下文設時豆錯俎錯黍稷後設則俎宜在黍稷前今在黍稷後而言俎行者欲見俎雖在黍稷前設以執之在後欲與鼎匕出爲節故云俎行即匕鼎出也云其序升入之次者謂如經醴已下次第也

其設于室豆錯俎錯腊特黍稷當籩位敦啓會卻諸其南醴酒位如初常籩位俎南黍黍東稷會蓋也今文無敦疏○注當籩至無敦○釋曰知當籩位俎南黍黍東稷者依特牲所設爲之也

祝與執豆者巾乃出共爲之也主人要節而踊皆如朝夕哭之儀月半不殷奠殷盛也士月半不復如朔盛奠下尊者疏○注殷盛至尊者○釋曰云下尊者以下大夫以上有月半奠故也

有薦新如朝奠薦五穀若時果物新出者疏○注薦五至出者○釋曰案月令仲春開冰先薦寢廟季春云薦鮪孟夏云以彘嘗麥先薦寢廟仲夏云羞以含桃先薦寢廟皆是薦新如朔奠者牲牢籩豆一如上朔奠也

徹朔奠先取醴酒其餘取先設者敦啓會面足序出如入啓會徹時不復蓋也面足執之令足間鄉前也敦有足則敦之形如今酒敦疏○注啓會至蓋也○釋曰以前設時即不蓋至徹亦不蓋今經云敦啓會嫌先蓋至徹重啓之故云不復蓋也

其設于外如於室外序西南

饔 謂飪與腥 疏 饔○注謂飪與腥○釋曰知者上摠言饔餼五牢下陳有二處據此饔下云飪一牢腥二牢下又別云餼二牢故知饔別飪腥二者也若然飪與腥共以饔目之者以其同是死列之以鼎故也

飪一牢鼎九設于西階前陪鼎當內廉東面北上上當碑南陳牛羊豕魚腊腸胃同鼎膚鮮魚鮮腊設扃鼏膷臐膮蓋陪牛羊豕 陪鼎三牲臛膷臐膮陪之庶羞加也當內廉辟堂塗也腸胃次腊以其出牛羊也膚豕肉也唯燖者有膚此饌先陳其位後言其次重大禮詳其事也宮必有碑所以識日景引陰陽也凡碑引物者宗廟則麗牲焉以取毛血其材宮廟以石窆用木

疏 注陪鼎至用木 釋曰案公食大夫庶羞也以其正饌故在正鼎後而言加也云當內廉辟堂塗也者正鼎九雖大判繼階而言其云于階前則階東稍遠故陪鼎偪當內廉也而辟堂塗之內也云腸胃次腊以其出牛羊也鄭言此者以其膚是豕肉腸胃是腹內之物而在肉前者以其腸胃出於牛羊故在膚前列之也云膚豕肉也唯燖者有膚者君子不食圂腴犬豕曰圂若然牛羊有腸胃而無膚豕則有膚而無腸胃也且豕則有膚豚則無膚故士喪禮豚皆無膚以其皮薄故也縱豕以四解亦無膚故既夕大遣奠少牢無膚以其豚解故也云此饌先陳其位後言其次重大禮詳其事也者先陳其位者南陳已上是也後言其次者牛羊豕已下是也案設飧時直云飪一牢在西鼎九羞鼎三腥一牢在東鼎七直言西九東七不言次陳位飧是小禮輕之故也云宮必有碑所以識日景引陰陽也者言宮必有碑者案諸經云三揖者鄭注皆云入門將曲揖既北面揖當碑揖若然士昏及此聘禮是大夫士廟內皆有碑矣鄉飲酒鄉射言三揖則庠序之內亦有碑矣祭義云君牽牲麗于碑則諸侯廟內有碑明矣天子廟及庠序有碑可知但生人寢內不見有碑雖無文兩君相朝燕在寢豈不三揖乎明亦當有碑矣言所以識日景者周禮匠人云爲規識日出之景與日入之景者自是正東西南北此識日景唯可觀碑景邪正以知日之早晚也又云引陰陽者又觀碑景南北長短十一月日南至景南北最長陰盛也五月日北至景南北最短陽盛也二至之間景之盈縮陰陽進退可知云凡碑引物者宗廟則麗牲焉以取毛血者云凡碑引物則識日景引陰陽皆是引物則宗廟之中是引物但廟碑又有麗牲繫也案祭義云君牽牲麗于碑以其鸞刀以取血毛毛以告純血以告殺若爲此事也云其材宮廟以石窆用木者此雖無正文以義言之葬碑取縣繂暫時之間往來運載當用木而已其宮廟之碑取其妙好又須久長用石爲之理勝於木故云宮廟以石窆用木也是以檀弓云公室視豐碑三家視桓楹時魯與大夫皆僭言視桓楹桓楹宮廟兩楹之柱是葬用木之驗也

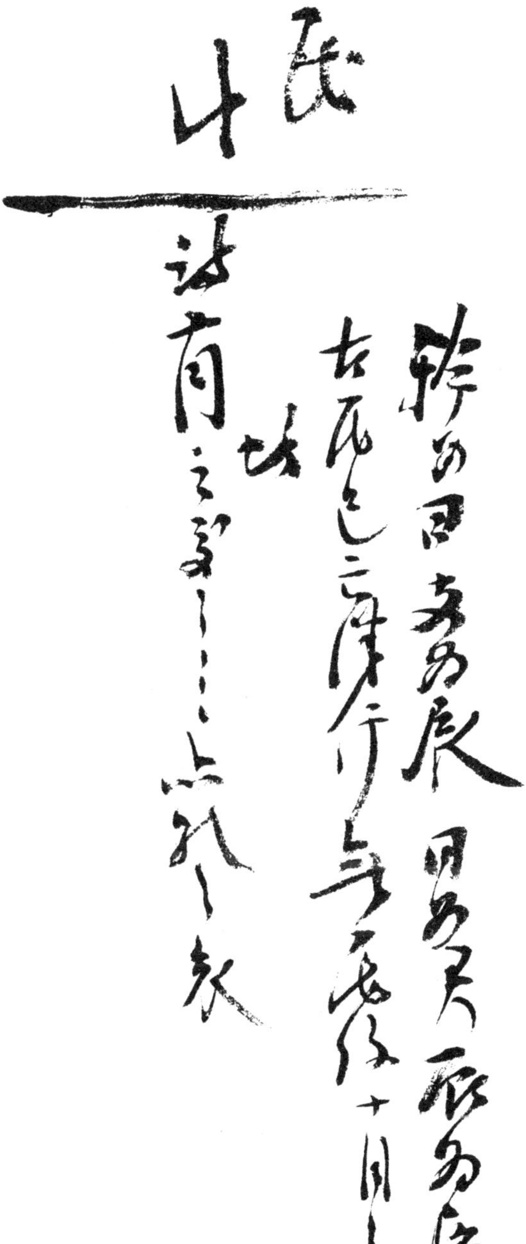

歷代經籍

始雨水。桃始華。倉庚鳴。鷹化爲鳩。皆記時候也。倉庚，驪黃也。鳩，搏穀也。漢始以雨水爲二月節。○倉庚並如字，本或加鳥，非。驪，力知反。搏音博。

疏 始雨至爲鳩。○正義曰：此一經記候。○注皆記至月節。○正義曰：言皆記時候者，謂經中四事，言之先後，逐氣之早晚，故周書時訓驚蟄之日桃始華，又五日倉庚鳴，又五日鷹化爲鳩，至秋則鳩化爲鷹，故王制云鳩化爲鷹，然後設罻羅。司裘注中秋鳩化爲鷹。夏小正云正月鷹化爲鳩，五月鳩化爲鷹，鄭無所言，則不信用也。按通卦驗云倉庚爲正月中，與此不同者，蓋是國土各異，氣有早晚。云倉庚驪黃者，按釋鳥云倉庚商庚，郭景純云即鵹黃也。釋鳥又云鵹黃楚雀，某氏云鵹黃一名倉庚。又云商庚，李巡云一名楚雀。方言云齊人謂之搏黍。云鳩搏穀者，釋鳥云鳴鳩鶻鵃，郭景純云今之布穀也。謝氏云布穀者近之。彼云布，此云搏者，布搏聲相近，謂之搏穀，以聲呼之，或以爲此鳥鳴布種其穀。云漢始以雨水爲二月節者，證此雨水爲二月節也。但雨水驚蟄，據其早作在正月，若其晚在二月，故漢初驚蟄爲正月中，雨水爲二月節，至在後以來事稍變改，故律厤志云雨水爲正月中，驚蟄爲二月節，由氣有參差故也。

漢始以雨水爲二月節

通卦驗時候與月令不同

月令仲春

[illegible]

日窮於次月窮于紀一[illegible]

[illegible]

季冬專農民毋有所使

窮于紀星回于天數將幾終言日月星辰運行于此月皆周匝於故處也次舍也紀會也。幾音祈又音機處昌慮反疏日窮至幾終。正義曰日窮于次者謂去年季冬日次於玄枵從此以來每月移次他辰至此月窮盡還次玄枵故云日窮于次月窮于紀者紀猶會也去年季冬月與日相會於玄枵自此以來月與日相會在於他辰至此月窮盡還復會於玄枵故云月窮于紀星回于天者謂二十八宿隨天而行每日

定月也日窮于次月

[illegible]〇一

雖周天一匝早晚不同至於此月復其故處與去年季冬早晚相似故云星回于天數將幾終者幾近也以去年季冬至今年季冬二百五十四日未滿三百六十五日未得正終唯近於終故云數將幾終歲且更始專而農民毋有所使而猶女也言專一女農民之心令之豫有志於耕稼之事不可徭役徭役之則志散失業也。女音汝令力呈反。疏歲且至所使。正義曰此論月令之人爲國家戒令之法此月既終歲且更始而女也言在上專一女農之事無得興起造作有所使役也此是制禮者揔爲約戒之辭此月令之内不云乃命某官之屬者皆是禮家揔禁也他皆倣此。

[illegible]

其祀門祭先肝秋陰氣出祀之於門外陰也祀

陰（陽）氣於五（十一）月終十（四）月七八（正二）月爲陰（陽）事

[illegible]

[illegible]

之先祭肝者秋爲陰中於藏直肝肝爲尊也祀門之禮北面設主於門左樞乃制肝及肺心爲俎奠于主南又設盛于俎東其他皆如祭竈之禮疏注祀之至之禮○正義曰云祀之先祭肝者秋爲陰中於藏值肝者以陰氣始於五月終於十月其七月八月爲陰之中故云秋爲陰中其陽氣始於十一月終於四月正月二月爲陽中故正月云春爲陽中然陰中之時兼有陽陽中之時兼有陰亦是陰陽之中也今五藏肺最在前心次之肝次之脾次之腎爲後肝在心肺之下脾腎之上故云於藏值肝然脾在肺心肝之下腎之上則是上有肺心肝下惟有腎不當其中而云春爲陽中於藏值脾者但五行相次水則次木故春繼於冬腎後則次脾其火後則次土土後乃次金故秋不得繼夏由隔於土由此脾不得繼肺隔於心也爲此肝之上有肺有心脾之下唯有腎俱得爲藏之中也云北面設主於門左樞者謂廟門外左樞北面以在門外故主得南鄉而北面設之云乃制肝及肺心爲俎奠于主南設盛於俎東者皆約中霤禮文也其他皆如祭竈之禮也謂祭心肺肝各一及祭醴三并設席於奧迎尸之屬也○涼風至白露降寒蟬鳴鷹乃祭鳥用始行戮皆記時候也寒蟬寒蜩謂蜺也鷹祭鳥者將食

用[illegible]之秋

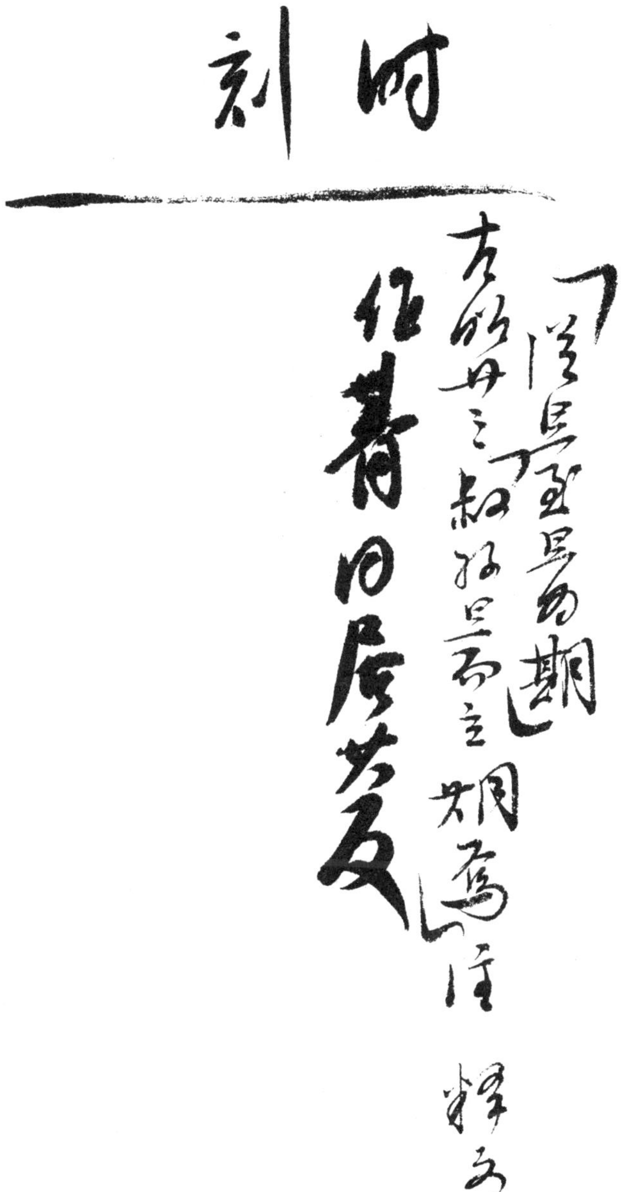
时刻

歲年

舉日不舉辰
十日為陽幹　君
十二辰為陰為枝　臣象

大雩季辛又雩又雩者何又雩者非雩也聚衆以逐季氏也一月不當再舉雩言又雩者起非雩也昭公欲託上雩生事聚衆欲以逐季氏不書逐季氏者諱不能逐反起下孫及爲所敗故因雩起其事也但舉日不舉辰者辰不同不可相爲上下又日爲君長爲臣去氏則逐季氏意明矣上不當日言上辛者爲下辛張本不言下辛言季辛者起季氏不執下而逐君○下孫音遜下文同去起呂反爲下于僞反下而爲同疏又雩者何○解云諸夏雩祭文悉不言又異于常例故執不知問○注一月至事也○解云僖三年注云大平一月不雨即書春秋亂世一月不雨未害物未足爲異當滿一時乃書然則春秋之義一時能害方始書雩豈有再舉其雩乎故曰一月不當再舉雩矣既無再舉雩之例而言又雩者可以起其非實雩故云言又雩者起非雩也○注但舉至上下○解云正以去年夏五月乙未朔日有食之則此月上辛爲辛丑下辛爲辛酉所以直言辛不兼言丑酉者若言辛丑辛酉即是參差不同不可相爲上下故也○注又日至明矣○解云日爲陽爲幹故爲君之義十二辰爲陰爲枝故爲臣之象故云日爲君辰爲臣○注上不至張本○解云春秋之雩其例書時即桓五年秋大雩之文是故云上不當日也若然亦不合月而云七月者欲見上辛下辛皆七月之日故○注不言至逐君○解云凡言上者對下之稱既言上辛而不言下辛者欲起季氏不執臣下之卑而逐君矣

○秋七月上辛

昭廿五

曆

前此擬大黃曆繙風雅秀黃人不都文字矣

邇得以閏朔朱黃爲記年月曉與曆書

合

曆

小時 星期 皆非天然（以太陽參差陰十九年閏月）（補短）計日以晝夜爲一定例

日 月 年 出於天然（共三百五十四日 時有十三月）（以先定二十四節 一歲凡十二月）

以月爲單位 已比爲以中心 後 附天文 [illegible]經過二三百年

初民之曆大抵從月 此與農業不與之大抵不合

重太陽年

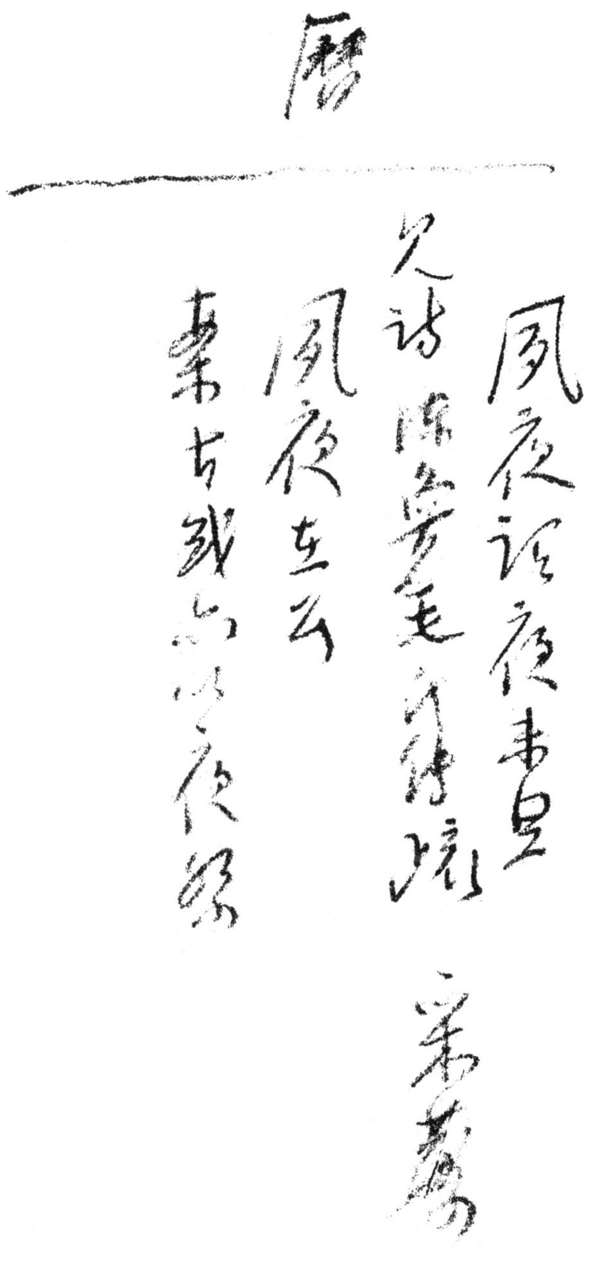
曆

歷

索隱述贊曰伯陽立教清淨無爲道尊東魯迹竄西垂莊蒙栩栩申害卑卑刑名有術說難極知悲彼周防終亡李斯

史記卷六十四

司馬穰苴列傳第四

司馬穰苴者田完之苗裔也（索隱）穰苴田氏之族爲大司馬故曰司馬穰苴也（正義）穰音若羊反苴音子徐反田穰苴爲司馬官主兵齊景公時晉伐阿甄而燕侵河上（索隱）阿甄皆齊邑晉太康地記曰阿即東阿也地理志云甄城縣屬濟陰（正義）河上黃河南岸地即滄德二州北界齊師敗績景公患之晏嬰乃薦田穰苴曰穰苴雖田氏庶孽然其人文能附衆武能威敵願君試之景公召穰苴與語兵事大說之以爲將軍（索隱）謂命之爲將以將軍也將音即匠反遂以將軍爲官名故尸子曰十萬之師無將軍則亂六國時有此官將兵扞燕晉之師穰苴曰臣素卑賤君擢之閭伍之中加之大夫之上士卒未附百姓不信人微權輕願得君之寵臣國之所尊以監軍乃可於是景公許之使莊賈往穰苴既辭與莊賈約曰旦日日中會於軍門（索隱）按旦日謂明日日中時期會於軍門穰苴先馳至軍立表下漏待賈（索隱）立表謂立木爲表以視日景下漏謂下滴漏以知刻數也賈素驕貴以爲將己之軍而己爲監不甚急（正義）己音紀監甲暫反親戚左右送之留飲日中而賈不至穰苴則仆表決漏（索隱）仆音赴仆者臥其表也決漏謂決去壺中漏水以賈失期過日中故也入行軍勒兵申明約束約

中

厤

春秋列國多用夏正

陔餘叢考卷二春不書王

殷

「見禽獸孚乳以別四節」

隨爲標準

勉東游牧人以此 紀夏典之游牧人

言言精闢天下無敵 於游牧時四

唐年

紀年

唐虞時之曆

舜典正月上日孔傳上日朔日也

○傳上日至祖廟。○正義曰月之始日謂之朔日每月皆有朔日此是正月之朔故云上日言一歲日之上也下云元日亦然鄭玄以爲帝王易代莫不改正堯正建丑舜正建子此時未改堯正故云正月上日卽位乃改堯正故云月正元日故以異文先儒王肅等以爲惟殷周改正易民視聽自夏已上皆以建寅爲正此篇二文不同史異辭耳孔意亦然下云歲二月傳云旣班瑞之明月以此爲建寅之月也

月正元日舜格于文祖孔傳月正元日上日也

疏正訓長故月正正月正月最長長正月長於諸月月之正

則是正月也上日上日之最朔也元日元日之最長之日正是

古尚書云月正元日稱書正月上日受終于文祖孔云

今用古日又爲文二字易用今辰歟之教也

曆

大戴 九卷 十五頁

曆法

○是月也，以立春。先立春三日，大史謁之天子曰：某日立春，盛德在木。天子乃齊。大史禮官之屬，掌正歲年以序事。謁，告也。○先，悉薦反。齊，側皆反，本亦作齋，卷内放此。○立春之日，天子親帥三公、九卿、諸侯、大夫以迎春於東郊。還反，賞公卿、諸侯、大夫於朝。迎春，祭倉帝靈威仰於東郊之兆也。王居明堂禮曰：出十五里迎歲，蓋殷禮也。周近郊五十里。賞，謂有功德者有以顯賜之也。朝，大寢門外。○還音旋，後放此。【疏】是月至於朝○正義曰：此一節論立春天子迎春氣及行賞之事，各依文解之。○是月也以立春者，十二月節氣有早晚，若節氣晚，則月之節氣在當月之内，若節氣早，月之節氣在前月之中，故立春爲正月之節，有在十二月之時，但至立春之時，雖在十二月，即行立春之事。云是月者，謂是月之氣，不謂是月之日也。凡四立之月，天子車服之下皆云是月，以其爲下立春、立夏、立秋、立冬事重，故云是月。其非四立之月，仲夏即云養壯佼，季夏云命漁師，十一月云飭死事，十二月云命有司大難，皆不云是月者，或是事爲細小，或是事通他月，故不云是月。季冬難事雖大，惟此月爲之，亦不云是月者，以年事既終，惟難而已，故不須云是月。或作記之人辭有詳略，不爲義例也。凡言是月者，是月之後，若是事相連接，辭有首尾，則因前是月，不別起是月之者。若別事異端，則更云是月也，他皆倣此。此云是月下至以初爲常，是皆立春之時告命之事，故不更云是月。次云祈穀於上帝至命曰勞酒，論祈穀耕藉反迴勞飲，是其一事，故不更云是月。次云是月也命樂正入學習舞至埋胔，論習舞修祭，毋用牝牲，是含養之事，故毋覆巢及掩骼埋胔，中間小異，事亦相連，故不別云是月。次云是月也不可以稱兵，與上事別，又論天地人之大道，故別云是月。舉此爲例，其餘月或云是月，或不云是月，就文可知。○先立春三日者，周法四時迎氣，皆前期十日而齋，散齋七日，致齋三日。今秦法簡省，故三日也，蓋散齋二日，致齋一日。○盛德在木者，天以覆蓋生民爲德，四時各有盛時，春則爲生，天之生育盛德在於木位，故云盛德在木。○注大史至謁告也○正義曰：按周禮大史屬春官，春官主禮，故云大史禮官之屬。云掌正歲年以序事者，大史職文。鄭注云：中數曰歲，朔數曰年。中數者，謂十二月中氣一周，揔三百六十五日四分日之一，謂之一歲。朔數者，朔十二月之朔一周，謂三百五十四日，謂之爲年。此是歲年相對，故有朔數、中數之別。若散而言之，歲亦年也。故爾雅釋天云：唐虞曰載，夏曰歲，商曰祀，周曰年，是也。按釋言云：告、謁，請也。同訓爲請，是謁爲告也。○立春至於朝○此立春、立秋云天子親帥三公、九卿、諸侯、大夫，立夏、立冬云親帥三公、九卿、大夫，不云諸侯，文不備，當亦有諸侯。故立夏下云乃封諸侯，於夏既然，明冬諸侯亦然。在孟春云賞公卿、諸侯、大夫於朝，孟夏云還乃行賞，封諸侯，慶賜遂行，無不欣說；孟秋云還乃賞軍帥武人於朝；孟冬云還乃賞死事，恤孤寡。四時所賞不同者，庾云：順時氣也。春陽氣始著，仁澤之時，故順其時而賞朝臣及諸侯也。至夏陽氣尤盛，萬物增長，故用是時慶賜轉廣，是以無不欣說也。秋陰氣始著，嚴凝之時，故從其時而賞軍帥及武人也。至冬陰氣尤盛，萬物衰殺，故用是時賞死事者及其妻子也。○注迎春至門外○正義曰：按賈、馬、蔡邕皆爲迎春祭大皡及句芒，以上云其帝大皡，其神句芒故也。今鄭獨以爲蒼帝靈威仰者，以春秋文耀鉤云蒼帝靈威仰。禮器云：饗帝於郊，而風雨寒暑時。是人帝何能使風雨寒暑得時？又詩及尚書云上帝，皆爲天也。周禮司服云：王祀昊天上帝，則服大裘而冕；祀五帝，亦如之。五帝若是人帝，何得與天帝同服？故以爲靈威仰。上云盛德在木者，盛德則靈威仰之盛德也。云王居明堂禮者，逸禮之篇名，引之者，證十五里迎春與周不同，故云蓋殷禮也。云周近郊五十里者，鄭注尚書君陳序云：天子近郊五十里，今河南洛陽相去則然，是也。云朝大寢門外者，大寢則路寢。天子有三朝：一是燕朝，在路寢也；二是治朝，則此路寢門外、應門之内，以其賞賜公卿大夫宜在治事之朝，故云大寢門外；三是外朝，在庫門之外、臯門之内，大詢衆庶、聽斷罪人之處也。

月令孟春

月令

153

歷數

日官
日御—在六卿之數而位從卿—

○伐邾宋志也（邾宋爭疆魯從宋志背趡之盟）○冬十月朔日有食之不書日官失之也天子有日官諸侯有日御（日官日御典歷數者）疏（註日官至歷數○正義曰周禮大史掌正歲年以序事頒告朔于邦國然則天子掌歷者謂大史也大史下大夫非卿故不在六卿之數傳言居卿則是尊之若卿故知非卿而位從卿故言居卿也平歷數者謂掌作歷數平其遲速而頒於邦國也晦朔弦望交會有期日月五星行道有度厤而數之故曰厤數也）日官居卿以底日禮也（日官天子掌厤者不在六卿之數而位從卿故言居卿也底平也謂平厤數○底音旨下同）日御不失日以授百官于朝（日官平厤以班諸侯諸侯奉之不失天時以授百官）

左桓十七

曆

六合[illegible][illegible][illegible]來訪
從[illegible]學者爲算　初不知了
其識則以算學之心當內
若何爲以算書一歲人日用
（[illegible][illegible]備録）

歷史

婚禮

昏禮必以昏□故

附論婚

昏于五礼屬嘉禮

儀禮疏卷第四　　儀禮卷第二

唐朝散大夫行大學博士弘文館學士臣賈公彥等撰

士昏禮第二【疏】士昏禮第二○鄭目録云士娶妻之禮以昏爲期因而名焉必以昏者陽往而陰來日入三商爲昏昏禮於五禮屬嘉禮大小戴及別録此皆第二○釋曰鄭知是士娶妻之禮者以記云記士昏禮故知是士娶妻鄭云日入三商者商謂商量是漏刻之名故三光靈曜亦日入三刻爲昏不盡爲明案馬氏云日未出日沒後皆云二刻半前後共五刻今云三商者據整數而言其實二刻半也

儀禮　鄭氏注

音王行下孟反注同初穆子之生也莊叔以周易筮之莊叔穆子父得臣也遇明夷䷣離下坤上明夷之謙䷎艮下坤上謙明夷初九變爲謙○艮古恨反疏遇明夷之謙○正義曰離下坤上爲明夷離爲日坤爲地彖曰明入地中明夷夷者傷也日在地中光不外發則爲明傷也艮下坤上爲謙艮爲山象曰地中有山謙以高下下謙虛之義以示卜楚丘楚丘卜人姓名曰是將行行出奔而歸爲子祀奉祭祀以讒人入其名曰牛卒以餒死明夷日也離爲日夷傷也日明傷○餒奴罪反餓也日之數十甲至癸故有十時亦當十位自王已下其二爲公其三爲卿日中當王食時當公平旦爲卿雞鳴爲士夜半爲皁人定爲輿黃昏爲隸日入爲僚晡時爲僕日昳爲臺隅中日出闕不在第尊王公曠其位○皁才早反輿音餘僚力彫反晡布吳反昳田結反隅遇俱反疏楚丘至餒死○正義曰此先畧言卦意有此四事也是者是此子也將出奔而歸爲國卿奉子叔孫之祭祀也并以讒人入而其名曰牛○然此子終以餓死也牛在國生云以入者去時未有來而有之以讒人入其家非從外國入既已畧論此意乃復具釋爻辭云明夷于飛垂其翼君子于行三日不食有攸往主人有言此三辭之間無爲祀之意但卦名明夷故先推卦名求爲祀之義也先行後歸始得爲祀然後推演爻辭得其行去之象又論不食讒言之事爻辭之內亦無名牛故別於離卦以求牛名推演爻之三辭既訖乃復更推卦體以終爲祀之言故曰其爲子後以摠結前言也○注日中至其位○正義曰七年傳曰王有十日人有十等彼卽歷言從王至臺十等之目此傳既云十時十位位以王公卿爲三日以中食旦爲三日上其中知從中而右旋配之也晡謂食也晡時謂日西食時也日昳謂蹉跌而下也隅謂東南隅也過隅未中故爲隅中也若據時之先後則從旦至食乃至於中宜以左旋爲次今傳以配十位從中而右旋者以人之道高以下爲基貴以賤爲本欲從賤而漸至於貴也若從中左旋則位乃漸退非進長之義故右旋也日上其中日中盛明故以當王食日爲二公位旦日爲三卿位明夷之謙明而未融其當旦乎融朗也離在坤下日在地中之象又變爲謙謙道卑退故曰明而未融日明未融故曰其當旦乎疏注融朗至旦乎○正義曰明而未融則融是大明故爲朗也釋言云明朗也樊光云詩云高朗令終日月光明是朗爲大明也據卦離下坤上日在地中之象又爻變爲謙謙是卑退之意日未出而又卑故曰明而未融日明未融故曰其當旦也若於易之明夷據日入之後故明夷象云初登于天照四國也後入于地失則也此傳明夷據日未出前者以日未出與日已入皆日在地下其明不見故各取象爲義故曰爲子祀莊叔卿也卜豹爲卿故知爲子祀日之謙當鳥故曰明夷于飛離爲

唐

讀通鑑劄記

讀河九論晝夜未輟

辰

日晷占之風而以氣節

條風 立春
明庶風 春分
清明風 立夏
景風 夏至
涼風 立秋
閶闔風 秋分
不周風 立冬
廣莫風 冬至

艮 震 巽 離 坤 兌 乾 坎

下言八風取則
以八卦上六宮
十辰也 攝分
丁乘以八節

厤法

（本紀）律比

司徒　縣於象魏，施教於邦國都鄙

侯及二都鄙公卿大夫等　斂藏之於明堂月受

當月行之謂之聽朔

周禮凡言正歲則夏之建寅正月　直言

月則周之建子月

正月之吉始和布教于邦國都鄙乃縣教象之灋于象魏使萬民觀教象

正月之吉周正月朔日也司徒以布王教至正歲又書教法而縣焉。縣音玄

挾日而斂之乃施教灋于邦國都鄙使之各以教其所治民

注同挾子協反〔疏〕正月至治民。○釋曰正月之吉者謂建子之月一日也始和者從十二教已下於此月之時始調和也所教皆有故法依舊而行之言始和者若改造云爾其實不改造也始以對終對下縣之是在建寅之月爲終也云布教於邦國都鄙者於此正月之時調和教典能知布於邦國諸侯及畿內二鄙公卿大夫等云乃縣教象之法於象魏者言乃者緩辭是建寅之月乃縣教象之法於象魏闕上云使萬民觀教象者謂使萬民來就雉門象魏之處觀教象文書使知一年教法云挾日而斂之者縣之從甲至甲爲挾日而後斂藏之於明堂月乃更受而行之謂之聽朔者也云乃施教法于邦國都鄙者案大宰六典八法八則之等正月前陳之正月之下不復言施之者以其並是當職之事故不復言所施且直言施教法於邦國都鄙則亦含上數事可知云使之各以教其所治民者若據邦國使諸侯教所治民若據都鄙則使公卿大夫教所治民。○注正月至縣焉。○釋曰言正月朔日者周禮凡言正歲者則夏之建寅正月直言正月者則周之建子正月也吉者月朔也故云正月之吉周正月朔日也司徒以布王教者案大宰注云布王治之事於天下此不言天下注文略邦國都鄙則亦天下也云至正歲又書教法而縣焉者釋經乃縣是正歲縣之必知縣在正歲者亦取義於小司徒云正歲則帥其屬而觀教法之象故知縣在正歲也

（大司徒）

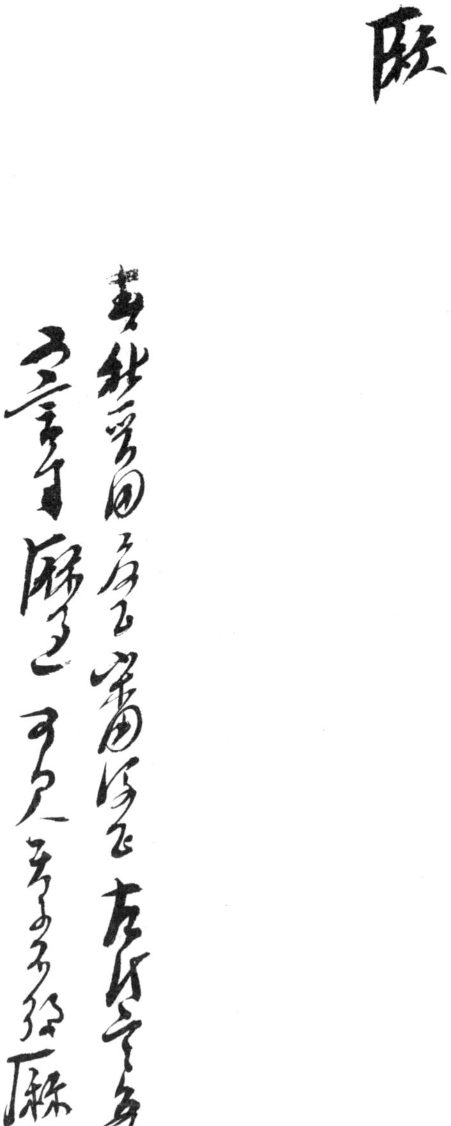

歷法學

王者受命必從居處……明受之於天不受之于人……親……不改

夏殷周以斗建寅丑子之月爲正平旦雞鳴夜半爲朔法物見牙萌色尚黑白赤

物有三變故正色有三

天有三生三死故土有三王

三統若循環

王者受命以前法……黑赤白……言注

曷爲先言王而後言正月據下秋七月天王先言月而後言王王正月也以上繫於王知王者受命布政施教所制

月也王者受命必徙居處改正朔易服色殊徽號變犧牲異器械明受之於天不受之於人夏以斗建寅之月爲正平旦爲朔法物見色尚黑殷以斗建丑之月爲正雞鳴爲朔法物牙色尚白周以斗建子之月爲正夜半爲朔法物萌色尚赤○徽許韋反械戶戒反夏以戶雅反後放此以意求之見賢遍反下並見同

[疏]注王者至於人解云王者受命必徙居處者則堯居平陽舜居蒲坂文王受命作邑於豐之屬是也其改正朔易服色殊徽號異器械者禮記大傳文鄭注云服色車馬也徽號旌旗之名也器械禮樂之器及兵甲也然則改正朔者即正朔三而改下注云是也易服色者即明堂位云鸞車有虞氏之路也鉤車夏后氏之路也大路殷路也乘路周路也夏后氏駱馬黑鬣殷人白馬黑首周人黃馬蕃鬣之屬是也其殊徽號者即明堂位云有虞氏之旂夏后氏之綏殷之大白周之大赤之屬是也其變犧牲者即明堂位云夏后氏牲尚黑殷白牡周騂剛之屬是也其異器械者器即明堂位云泰有虞氏之尊也山罍夏后氏之尊也著殷尊也犧象周尊也注云泰用瓦著著地無足夏后氏之鼓足彼注云足謂四足也殷楹鼓彼注云楹謂之柱貫中上出也周縣鼓注云縣縣之簨虡也其械者即兵甲也何氏莊三十二年注云有攻守之器曰械是而言異者即釋器云弓有緣者謂之弓無緣者謂之弭蓋以爲異代相變故云異也所以止變此等者其親親尊尊之屬不可改即大傳云其不可得變革者則有矣親親也尊尊也長長也男女有別此其不可得與民變革者也是也。注夏以至尚赤。解云凡草物皆十一月動萌而赤十二月萌牙始白十三月萌牙始出而首黑故各法之故書傳略說云周以至動殷以萌夏以牙注云謂三王之正也至動冬日至物始動也物有三變故正色有三天有三生三死故土有三王王特一生死是故周人以日至爲正殷人以日至三十日爲正夏以日至六十日爲正是故三統三王若循連環周則又始窮則反本是也。問曰若如此說則三王所尚各自依其時物之色何故禮說云若尚色天命以赤尚赤以白尚白以黑尚黑宋氏云赤者命以赤烏故周尚赤湯以白狼故尚白禹以玄珪故尚黑也以此言之三代所尚者自是依天命之色何言法時物之牙色乎。答曰凡正朔之法不得相因滿三反本禮則然矣但見其受命將王者應以十一月爲正則命之以赤瑞應以十二月爲正則命以白瑞應以十三月爲正即命之以黑瑞是以禮說有此言豈道不復法其牙色乎

公隱元

三統

三統之義　統字之義

鄭氏用古以業吐孫正朔於此周人代

荷多個所專為來而各[illegible]是

大凡言別若代各為代文

周人事務但[illegible]我事

夏后氏尚黑以建寅之月爲正物生色黑。正音征下同又如字大事斂用昬也。昬時亦黑此大事謂喪事斂力驗反下皆同戎事乘驪驪戎兵也馬黑色曰驪爾雅曰驪牝驪牡玄。驪力知反徐郎志反純黑色馬騋音來馬七尺已上爲騋牲用玄玄黑類也殷人尚白以建丑之月爲正物牙色白大事斂用日中日中時亦白戎事乘翰翰白色馬也易曰白馬翰如。翰字又作鶾胡旦反又音寒牲用白周人尚赤以建子之月爲正物萌色赤。萌亡耕反大事斂用日出日出時亦赤戎事乘騵騵駵馬白腹。騵音原駵力求反赤馬黑髦鬣牲用騂騂赤類。騂息營反徐呼營反純赤色也一云赤黃色

疏 夏后至用騂。正義曰此一節論三代正朔所尚色不同各依文解之。夏尚黑殷尚白周尚赤此之謂三統故書傳略說云天有三統物有三變故正色有三天有三生三死故土有三王王特一生一死又春秋緯元命苞及樂緯稽耀嘉云夏以十三月爲正息卦受泰注云物之始其色尚黑以寅爲朔殷以十二月爲正息卦受臨注云物之牙其色尚白以雞鳴爲朔周以十一月爲正息卦受復其色尚赤以夜半爲朔又三正記云正朔三而改文質再而復以此推之自夏以上皆正朔三而改也鄭注尚書三帛高陽氏之後用赤繒高辛氏之後用黑繒其餘諸侯用白繒如鄭此意卻而推之舜以十一月爲正尚赤堯以十二月爲正尚白故曰其餘諸侯用白繒高辛氏以十二月爲正尚黑故云高辛氏之後用黑繒高陽氏以十一月爲正尚赤故云高陽氏之後用赤繒有少皞以十二月爲正尚白黃帝以十三月爲正尚黑神農以十一月爲正尚赤女媧以十二月爲正尚白伏犧以上未有聞焉易說卦云帝出乎震則伏犧也建寅之月又木之始其三正當從伏犧以下文質再而復者文質法天地文法天質法地周文法地而爲天正殷質法天而爲地正者正朔以三而改文質以二而復各自爲義不相須也建子之月爲正者謂之天統以天之陽氣始生爲百物得陽氣微稍動變故爲天統建丑之月爲地統者以其物已吐牙不爲天氣始動物又未出不得爲人所施功唯在地中含養萌牙故爲地統建寅之月爲人統者以其物出於地人功當須修理故謂之人

統統者本也謂天地人之本也然王者必以此三月爲正者以其此月物生微細又是歲之始生王者繼天理物含養微
細又取其歲初爲正朔之始既天地人之三者所繼不同故各改正朔不相襲也所尚既異符命亦隨所尚而來故禮緯
稽命徵云其天命以黑故夏有玄珪天命以赤故周有赤雀銜書天命以白故殷有白狼銜鉤是天之所命亦各隨人所
尚符命雖逐所尚不必皆然故天命禹觀河見白面長人洛予命云湯觀於洛沈璧而黑龜與之書黃魚雙躍泰誓言武
王伐紂而白魚入於王舟是符命不皆逐正色也鄭康成之義自古以來皆改正朔若孔安國則改正朔殷周二代故注
尚書湯承堯舜禪代之後革命創制改正易服是從湯始改正朔也○注昏時至事也○正義曰知大事是喪事者以其
與斂文連故知大事是喪事也○注爾雅曰駵牝驪牡玄○正義曰引爾雅釋畜文駵牝驪牡玄謂七尺曰駥牝者色驪
牡者色玄引之者證驪是玄之類也案廋人云八尺以上爲龍七尺以上爲騋六尺以上爲馬凡馬皆有。驪牡玄獨言騋
者舉中以見上下明其諸馬皆然或爾雅釋詩云騋牝郭璞注玄駒小馬稍異鄭也○注玄黑類也○正義曰案周禮考
工記七入爲緇鄭云玄則六入者與是玄黑類○注翰白至翰如○正義曰所引易者易賁卦六四賁如皤如白馬翰如
賁離下艮上鄭注云六四巽爻也有應於初九欲自飾以適初既進退未定故皤如也白馬翰如謂九三位在辰得巽氣
爲白馬翰猶幹也見六四適初未定欲幹而有之引此者證翰爲白色案彼以幹爲翰者以翰如白馬連文故以翰爲幹
望經爲義以此不同○注物萌色赤○正義曰案上殷尚白之下注云物牙色白此萌色赤不同者萌是牙之微細故建
子云萌建丑云牙若散而言之萌即牙也故書傳略說云周以至動殷以萌夏以牙此皆據一種之草大汎而言故建子
始動建寅乃出至如薺麥以秋而生月令仲冬荔挺出不在此例也此文質雖異殷質周文大汎言之乃前代質後代文
也故表記云虞夏之質殷周之文是也○注騵騂馬白腹○正義曰爾雅釋畜文武王伐紂所乘也故詩云駟騵彭彭毛
傳云上周下殷故周人戎事乘之若其
餘事則明堂位云周人黃馬蕃鬣是也

檀弓上

歷

告朔

○閏月不告月猶朝于廟不告月者何不告朔也禮諸侯受十二月朔政於天子藏于大祖廟每月朔朝廟使大夫南面奉天子命君北面而受之比時使有司先告朔謹之至也受於廟者孝子歸美先君不敢自專也言朝者緣生以事死親在朝朝莫夕已死不敢瀆鬼神故事必于朔者感月始生而朝○大祖音泰比必利反朝朝上如字下直遙反瀆息列反 疏 不告月者何○解云欲言朔日文不言朔欲言非朔刺其不告故執不知問○注禮諸侯至受之○解云出玉藻但謂禮法然非謂禮有成文○注比時至告朔○解云比時者言比至月初之時也○注親在朝朝莫夕○解云據禮有朝玄端夕深衣之文故也而文王世子云文王之為世子朝於王季日三者蓋謂越禮之高矣曷為不告朔據具月也天無是月也閏月矣何以謂之天無是月非常月也所由無常故無政也猶者何通可以已也朝者因視朔政爾無政而朝故加猶不言朔者閏月無告朔禮也不言公者內事可知 疏 猶者何○解云欲言非禮禮則有之欲言是禮而經書猶故執不知問○注不言至可知○解云欲道下十六年夏五月公四不視朔言公矣故解之

文六

政治

告朔｜視朔｜聽朔

其日朝廟｜朝享｜其歲首爲朝正｜

侵官宜爲國討故不言賈季殺○晉狐射姑出奔狄射姑狐偃子賈季也奔例在宣十年○射音亦一音夜○閏月不告月猶朝于廟諸侯每月必告朔聽政因朝宗廟文公以閏非常月故闕不告朔怠慢政事雖朝于廟則如勿朝故曰猶猶者可止之辭○不告月月或作朔誤也不告朔本或作告月疏注諸侯至之辭○正義曰周禮大史頒告朔于邦國鄭玄云天子頒朔于諸侯諸侯藏之祖廟至朔朝于廟告而受行之論語云子貢欲去告朔之餼羊是用特羊告于廟謂之告朔人君即以此日聽視此朔之政謂之視朔十六年公四不視朔僖五年傳曰公既視朔是也視朔者聽治此月之政亦謂之聽朔玉藻云天子聽朔於南門之外是也其日又以禮祭於宗廟謂之朝廟周禮謂之朝享司尊彝云追享朝享是也其歲首爲之則謂之朝正襄二十九年正月公在楚傳曰釋不朝正于廟是也告朔視朔聽朔朝廟朝享朝正二禮各有三名同日而爲之也文公以閏非常月故闕不告朔告朔之禮大朝廟之禮小文公怠慢政事既不告朔雖朝于廟則如勿朝故書猶朝于廟言猶以譏之必於月朔爲此告朔聽朔之禮者釋例曰人君者設官分職以爲民極遠細事以全委任之責縱諸下以盡知力之用揔成敗以效能否執八柄以明誅賞故自非機事皆委心焉誠信足以相感事實盡而不擁故受位居職者思効忠善日夜自進而無所顧忌也天下之細事無數一日二日萬端人君之明有所不照人君之力有所不堪則不得不借問近習有時而用之如此則六鄉六遂之長雖躬履此事躬造此官當皆移聽於內官迴心於左右政之粃亂恒必由此聖人知其不可故簡其節敬其事因月朔朝遷坐正位會羣吏而聽大政考其所行而決其煩疑非徒議將然也乃所以考已然又惡其審聽之亂公也故顯衆以斷之是以上下交泰官人以理萬民以察天下以治也文公謂閏非常月緣以闕禮傳因所闕而明言典制雖朝于廟則如勿朝故經稱猶朝于廟也經稱告月傳言告朔明告月必以朔也每月之朔必朝于廟因聽政事事敬而禮成故告以特羊然則朝廟朝正告朔視朔皆同日之事所從言之異耳是言聽朔朝廟之義也玉藻說天子之禮云聽朔於南門之外諸侯皮弁聽朔於大廟鄭玄以爲明堂在國之陽南門之外謂明堂也諸侯告朔以特羊則天子以特牛與天子用特牛告其帝及其神配以文王武王諸侯用特羊告大祖而已杜以明堂與祖廟爲一但明堂是祭天之處天子告朔雖杜之義亦應告人帝朝享即月祭是也祭法云王立七廟曰考廟王考廟皇考廟顯考廟祖考廟皆月祭之二祧享嘗乃止諸侯立五廟曰考廟王考廟皇考廟皆月祭之顯考廟祖考廟享嘗乃止然則天子告朔於明堂朝享於五廟諸侯告朔於大廟朝享自皇考以下三廟耳皆先告朔後朝廟朝廟小於告朔文公廢其大而行其小故云猶朝于廟公羊傳曰猶者可止之辭也天子玄冕以視朔皮弁以日視朝諸侯皮弁以聽朔朝服以日視朝其閏月則聽朔於明堂闔門左扉立於其中聽政於路寢門終月故於文王在門爲閏

文六

夫予盡具其帑與其器用財賄親帥扞之送致諸竟扞衛也○扞戶旦反竟音境○閏月不告朔非禮也經稱告月傳稱告朔明告月必以朔閏以正時四時漸差則致閏以正之時以作事順時命事事以厚生事不失時則年豐生民之道於是乎在矣不告閏朔弃時政也何以爲民○爲民如字治也或音于僞反非也

政治

視朔

夏五月公四不視朔視朔謚在六年不舉不朝廟者禮月終于廟先受朝政乃朝明王教尊也朔廟禮也故以不視朔爲重常以朔者始重也疏注視朔謚在六年○解云即上六年注云禮諸侯受十二月朔政於天子藏于大祖廟每月朔朝廟使大夫南面奉天子命君北面而受之是也○注不舉至爲重○解云正以視朔之時必有朝廟之禮故上六年經云閏月不告月猶朝于廟是也今此經直言四不視朔不道不朝廟故解之○注常以至始也○解云言十二月之政令所以不在年初一受之而已必以月之朔日受之者重月之始故也公曷爲四不視朔據無事也公有疾也以不諱舉公如有疾公有疾乃復舉公是也○乃復扶又反下同疏注公有至是也○解云即昭二十三年冬公如晉至河公有疾乃復是也何言乎公有疾不視朔據有疾無惡也疏注據有疾無惡也○解云即昭二十三年傳云何言乎公有疾乃復殺恥也者是自是公無疾不視朔也有疾無惡不當書又不言有疾者欲起公自是無疾不視朔也疏注公自至朔也○解云即鄭氏云魯自文公四不視朔視朔之禮已後遂廢者正取此書也然則曷爲不言公無疾不視朔有疾猶可言也無疾不可言也言無疾大惡不可言也是後公不復視朔政事委任公子遂○六月戊辰公子遂及齊侯盟于犀丘○犀丘彥西左氏作

文十六

其餘四十九所當用也故筮以爲數以象兩兩之又以象三三之又以象四四之又歸奇象閏十九（孟康曰歲有閏分七分滿十九則爲閏也師古曰奇音居宜反）及所據一加之因以再扐兩之（師古曰扐音勒○劉攽曰兩之得九十八三之得二百九十四四之得一千一百七十六象閏所據一加之爲一千一百九十六兩之爲二千三百九十二）是爲月法之實如日法得一則一月之日數也而三辰之會交矣是以能生吉凶（孟康曰三辰日月星也晚道相錯故有交會交會卽陰陽有干陵勝負故生吉凶也）故易曰天一地二天三地四天五地六天七地八天九地十天數五地數五五位相得而各有合天數二十有五地數三十凡天地之數五十有五此所以成變化而行鬼神也（師古曰皆上繫之辭）并終數爲十九易窮則變故爲閏法（孟康曰天終數九地終數十窮終也言閏亦日之窮餘故取二終之數以爲義）參天九兩地十是爲會數參天數二十五兩地數三十是爲朔望之會以會數乘之則周於朔旦冬至是爲會月（孟康曰會月二十七章之月數也得朔旦冬至日與歲復）九會而復元（孟康曰謂四千六百一十七歲之月數也所謂元月）黃鐘初九之數也經於四時雖亡事必書時月時所以紀啟閉也月所以紀分至也啟閉者節也分至者中也節不必在其月故時中必在正數之月故傳曰先王之正時也履端於始舉正於中歸餘於終履端於始序則不愆舉正於中民則不惑歸餘於終事則不誖（師古曰自此以上左氏傳之辭也履端於始謂步歷之始以爲術之端首也舉正於中謂分一朞爲十二月舉中氣以正月也歸餘於終謂有餘日則歸於終積而成閏也誖乖也音布內反）此聖王之重閏也以五位乘會數而朔旦冬至是爲章月四分月法以其一乘章月是爲中法參閏法爲周至以乘月法以減中法而約之則六扐之數爲一月之閏法其餘七分此中朔相求之術也朔不得中是爲閏月言陰陽雖交不得中不生故日法乘閏法是爲統歲三統是爲元歲元歲之閏陰陽災三統閏法易九戹曰初入元百六陽九次三百七十四陰九（孟康曰易傳也所謂陽九之戹百六之會者也初入元百六歲有戹者則前元之餘氣也若餘分爲閏也易爻有九六七八百六與三百七十四六乘八之數也六八四十八合爲四百八十歲也）次四百八十陽九（孟康曰亦六乘八之數也於易爻六有變故再數也如淳曰六八四十八爲四百八十歲有九年旱）次七百二十陰七（孟康曰亦九乘八之數也八九七十二爲七百二十歲）次七百二十陽七（孟康曰亦九乘八之數也於易爻九變故再數也如淳曰八十歲紀一甲子冬至以八乘九八九七十二故七百二十歲乃有災也）次六百陰五次六百陽五（孟康曰七八交乘八之數也七乘八得五百六十歲八乘八得六百四十歲合千二百歲也於易爻七八不變氣不通故合而數之各得六百歲也如淳曰交有七八八八六十四七八五十六二交之數合千二百滿純陰七八不變故通其氣使各六百歲乃有災）次四百八十陰三次四百八十陽三（孟康曰此六乘八之數也六既有變又陰爻也陽奇陰偶故九再數而六四數七八不變又無偶各一數一元之中有五陽四陰陽旱陰水九七五三皆陽數也故曰陽九之戹如淳曰九六者陽奇陰偶故重出覆取上六八四十八故同四百八十歲正以九七五三爲災者從天奇數也易天之數曰立天之道曰陰與陽繫天故取其奇爲災歲數八十歲則甲子冬至一甲子六十日一歲三百六十日八十歲得四百八十甲子又五日五八四十爲四百日又四分日之一八十歲有八十分八十分爲二十日凡四百八十日得七十甲子八十歲合四百八十七甲子餘分皆盡故八十歲則一甲子冬至也）凡四千六百一十七歲與一元終經歲四千五百六十災歲五十七（孟康曰經歲從百六終陽三也得災歲五十七合爲一元四千六百一十七歲）是以春秋曰舉正於中又曰閏月不告朔非禮也閏以正時時以作事事以厚

乾隆四年校刊　前漢書卷二十一上　律歷志　五

生（師古曰言四時漸差則置閏以正之因順時而命事事得其序則年穀豐熟）生民之道於是乎在矣不告閏朔棄時正也何以爲民（師古曰自此以上皆左氏傳之辭也爲治也）故魯

僖五年春王正月辛亥朔日南至公既視朔遂登觀臺以望而書禮也凡分至啓閉必書雲物爲備故也至昭二十年二月己丑日南至失閏至在非其月梓愼望氛氣而弗正不履端於始也故傳不曰冬至而曰日南至極於牽牛之初日中之時景最長以此知其南至也斗綱之端連貫營室織女之紀指牽牛之初以紀日月故曰星紀五星起其初日月起其中凡十二次日至其初爲節至其中斗建下爲十二辰視其建而知其次故曰制禮上物不過十二天之大數也經曰春王正月傳曰周正月火出於夏爲三月商爲四月周爲五月夏數得天（師古曰自此以上左傳之辭）得四時之正也三代各據一統明三統常合而迭爲首（師古曰迭互也音大結反此下亦同）登降三統之首周還五行之道也（師古曰還讀曰旋）故三五相包而生天統之正始施於子半（蘇林曰子之西亥之東其中間也孟康曰於子半日地統受於丑初臣瓚曰謂分十二辰各有上中下言半謂在中也又受於寅初此謂上也）日萌色赤地統受之於丑初日肇化而黃至丑半日牙化而白人統受之於寅初日孽成而黑至寅半日生成而青天施復於子地化自丑畢於辰（如淳曰地以十二月生萬物三月乃畢）人生自寅成於申（如淳曰人功自正月至七月乃畢）故歷數三統天以甲子（李奇曰夏正月朔日）地以甲辰（韋昭曰殷正月朔日）人以甲申（李奇曰周正月朔日）孟仲季迭用事爲統首三微之統旣著而五行自青始其序亦如之五行與三統相錯傳曰天有三辰地有五行然則三統五星可知也易曰參五以變錯綜其數通其變遂成天地之文極其數遂定天下之象（師古曰易上繫之辭）太極運三辰五星於上而元氣轉三統五行於下其於人皇極統三德五事故三辰之合於三統也日合於天統月合於地統斗合於人統五星之合於五行水合於辰星火合於熒惑金合於太白木合於歲星土合於塡星三辰五星而相經緯也天以一生水地以二生火天以三生木地以四生金天以五生土五勝相乘以生小周以乘乾坤之策而成大周陰陽比類交錯相成故九六之變登降於六體三微而成著三著而成象二象十有八變而成卦四營而成易爲七十二參三統兩四時相乘之數也參之則得乾之策兩之則得坤之策（蘇林曰策數也）以陽九九之爲六百四十八以陰六六之爲四百三十二凡一千八十陰陽各一卦之微算策也八之爲八千六百四十而八卦小成引而信之（師古曰信讀曰伸）又八之爲六萬九千一百二十天地再之爲十三萬八千二百四十然後大成五星會終觸類而長之以乘章歲爲二百六十二萬六千五百六十而與日月會三會爲七百八十七萬九千六百八十而與三統會三統二千三百六十二萬九千四十而復於太極上元九章歲而六之爲法太極上元爲實實如法得一陰一陽各萬一千五百二十當萬物氣體之數天下之能事畢矣

一黍之廣度之九十分

黃鍾之長一爲一分○按隋志引此文作度之九十黍爲黃鍾之長一黍爲一分

廷尉掌之○舊本附注皇祐冬益州進士房庶言嘗得古本漢志云一黍之起積一千二百黍之廣度之九十分今文脫起積一千二百黍之八字（臣召南）按房庶此說范鎭深是之而司馬光力攻其謬光與鎭書有曰房生家有漢書異於今本不知傳于何世而相承積誤由古及今更大儒甚衆曾不寤也其書旣云積一千二百黍之廣何必更云一黍之起此四字者將安設施子駿孟堅之書不宜如此冗長也

[illegible]十二子　十母　学

書曰七正二十八舍【索隱】七正，日月五星也。七者可以正天時。又孔安國曰七正日月五星各異政。二十八舍，二十八宿之所舍也。舍，止也；宿，次也。言日月五星運行或舍於二十八次之分也。律歷天所以通五行八正之氣【索隱】八正謂八節之氣，以應八方之風。天所以成孰萬物也。舍者，日月所舍。舍者，舒氣也。不周風居西北，主殺生。東壁居不周風東，主辟生氣【索隱】辟音闢。而東之至於營室【索隱】定星也。定中而可作室，故曰營室。【正義】天官書云營室爲清廟，曰離宮、閣道，是有宮室象。此言主營胎陽氣而產之，二說不同。營室者，主營胎【集解】徐廣曰胎一作含。陽氣而產之。東至于危。危，垝也【索隱】垝音鬼毀反。言陽氣之危垝，故曰危。十月也，律中應鐘【正義】應，乙證反。白虎通云應者應也，言萬物應陽而動下藏也。漢以十月爲歲首，故起應鐘。應鐘者，陽氣之應不用事也。其於十二子爲亥。亥者，該也【索隱】律歷志云該閡於亥。【正義】孟康云閡，藏塞也，陰雜陽氣藏塞，爲萬物作閡也。言陽氣藏於下，故該也。廣莫風居北方。廣莫者，言陽氣在下，陰莫陽廣大也，故曰廣莫。東至於虛。虛者，能實能虛，言陽氣冬則宛藏於虛【正義】宛音蘊。日冬至則一陰下藏，一陽上舒，故曰虛。東至于須女【索隱】婺女名也。言萬物變動其所，陰陽氣未相離，尚相如胥也，故曰須女。十一月也，律中黃鐘【正義】白虎通云黃中和之氣，言陽氣於黃泉之下動養萬物也。黃鐘者，陽氣踵黃泉而出也。其於十二子爲子。子者，滋也；滋者，言萬物滋於下也。其於十母爲壬癸。壬之爲言任也，言陽氣任養萬物於下也。癸之爲言揆也，言萬物可揆度，故曰癸。東至牽牛。牽牛者，言陽氣牽引萬物出之也。牛者，冒也，言地雖凍，能冒而生也。牛者，耕植種萬物也。東至於建星。建星者，建諸生也。十二月也，律中大呂。大呂者，其於十二子爲丑。丑者，紐也。言陽氣在上未降，萬物厄紐未敢出。條風居東北，主出萬物。條之言條治萬物而出之，故曰條風。南至於箕。箕者，言萬物根棋【集解】徐廣曰一作橫，故曰箕。正月也，律中泰簇【正義】簇音千豆反。白虎通云泰者大也，簇者湊也，言萬物始大湊地而出之也。泰簇者，言萬物簇生也，故曰泰簇。其於十二子爲寅【索隱】音以真反。寅言萬物始生螾然也【索隱】螾音引，又音慎。故曰寅。南至於尾，言萬物始生如尾也。南至於心，言萬物始生有華心也【集解】徐廣曰一作莖。南至於房。房者，言萬物門戶也，至于門則出矣。明庶風居東方。明庶者，明衆物盡出也。二月也，律中夾鐘【正義】白虎

史記律書曆書

通云夾字甲也言萬物孚甲種類分也夾鐘者言陰陽相夾廁也其於十二子爲卯卯之爲言茂也言萬物茂也其於十母爲甲乙甲者
言萬物剖符甲而出也【集解】符音孚【索隱】符甲猶孚甲也乙者言萬物生軋軋也南至于氐【正義】氐音丁禮反氐者言萬物皆至也南至於亢
亢者言萬物亢見也南至于角角者言萬物皆有枝格如角也三月也律中姑洗【正義】姑音沽洗音先典反白虎通云沽者故也洗者鮮也言萬物去故就
新莫不鮮明也姑洗者言萬物洗生其於十二子爲辰辰者言萬物之蜄也【集解】蜄音之愼反【索隱】蜄音振或作娠同音律歷志云振美於辰清明風居東南
維主風吹萬物而西之軫軫者言萬物益大而軫軫然西至於翼翼者言萬物皆有羽翼也四月也律中中呂【正義】中音仲白
虎通云言陽氣將極中充大也故復中言之也中呂者言萬物盡旅而西行也其於十二子爲巳巳者言陽氣之已盡也西至于七星七星者
陽數成於七故曰七星西至于張張者言萬物皆張也西至于注【索隱】注音丁救反注咮也天官書云柳爲鳥咮則注柳星也注者言萬物之始衰陽
氣下注故曰注五月也律中蕤賓【正義】蕤音仁佳反白虎通云蕤者下也賓者敬也言陽氣上極陰氣始賓敬之也蕤賓者言陰氣幼少故曰蕤痿陽不用事故
曰賓景風居南方景者言陽氣道竟故曰景風其於十二子爲午午者陰陽交故曰午【索隱】律歷志云咢布於午也其於十母爲丙丁
丙者言陽道著明故曰丙丁者言萬物之丁壯也故曰丁西至于弧弧者言萬物之吳落【集解】徐廣曰吳一作柔且就死也西至于
狼狼者言萬物可度量斷萬物故曰狼涼風居西南維主地地者沈奪萬物氣也【正義】沈一作洗六月也律中林鐘【正義】白虎通云林者衆也
言萬物成熟種類多也林鐘者言萬物就死氣林林然其於十二子爲未未者言萬物皆成有滋味也【索隱】律歷志昧薆於未其意昧北至於罰
罰者言萬物氣奪可伐也北至于參【正義】音所林反參言萬物可參也故曰參七月也律中夷則【正義】白虎通云夷傷也則法也言萬物始傷被刑法也
夷則言陰【集解】徐廣曰一作陽氣之賊【集解】徐廣曰一作則萬物也其於十二子爲申申者言陰用事申賊萬物【集解】徐廣曰一作則【索隱】律歷志物堅於申也故
曰申北至于濁【索隱】按爾雅云濁謂之畢濁者觸也言萬物皆觸死也故曰濁北至于留【索隱】留即昴毛傳亦以留爲昴留者言陽氣之稽留也
故曰留八月也律中南呂【正義】白虎通云南任也言陽氣尚任包大生薺麥也南呂者言陽氣之旅入藏也其於十二子爲酉酉者萬物之老也
【索隱】律歷志云留熟於酉也故曰酉閶闔風居西方閶者倡也闔者藏也言陽氣道萬物闔黃泉也其於十母爲庚辛庚者言陰氣庚
萬物故曰庚辛者言萬物之辛生故曰辛北至于胃胃者言陽氣就藏皆胃胃也北至于婁婁者呼萬物且內之也北
至于奎【集解】徐廣曰一作畫【索隱】天官書奎爲溝瀆婁爲聚衆胃爲天倉今此說異及六律十母又與漢書不同各是異家之說也奎者主毒螫殺萬物也奎而藏之九月也律中
無射【正義】音亦白虎通云射終也言萬物隨陽而終當復隨陰而起無有終已此說六呂十干十二支與漢書不同無射者陰氣盛用事陽氣無餘也故曰無射其於十二子

爲戌戌者言萬物盡滅故曰戌【索隱】律歷志畢入於戌也

律數

九九八十一以爲宮

三分去一五十四以爲徵

三分益一七十二以爲商

三分去一四十八以爲羽

三分益一六十四以爲角

黃鐘長八寸十分一宮【索隱】案上文云律九九八十一故云長八寸十分一而漢書云黃鐘長九寸者九分之寸也劉歆鄭玄等皆以長九寸卽十分之寸不依此法也云宮者黃鐘爲律之首宮爲五音之長十一月以黃鐘爲宮則聲得其正舊本多作七分蓋誤也

大呂長七寸五分三分一【索隱】謂十一月以黃鐘爲宮五行相次大呂爲商者大呂所以助陽宣化

太簇長七寸七分二角

夾鐘長六寸一分三分一

姑洗長六寸七分四羽【索隱】亦以金生水故也

蕤賓長五寸六分三分一

仲呂長五寸九分三分二徵

林鐘長五寸七分四角【索隱】水生木故以爲角不用蕤賓者以陰氣起陽不用事故去也

夷則長五寸四分三分二商

南呂長四寸七分八徵

無射長四寸四分三分二

應鐘長四寸二分三分二羽

生鐘分【索隱】此算術生鐘律之法也【正義】分音扶問反

子一分【索隱】自此已下十一辰皆以三乘之為黃鐘積實之數也 丑三分二【索隱】案子律黃鐘長九寸林鐘為衝衝長六寸以九比六三分少一故云丑三分二即是黃鐘三分去一下生林鐘數也 寅九分八【索隱】十二律以黃鐘為主黃鐘長九寸太蔟長八寸圍八分寅九分八即是林鐘三分益一上生太蔟之義也【正義】孟康云元氣始起於子未分之時天地人混合為一故子數獨一漢書律曆志云太極元氣函三為一行於十二辰始動於子參之於丑得三又參之於寅得九又參之於卯得二十七又參之於辰得八十一又參之於巳得二百四十三又參之於午得七百二十九又參之於未得二千一百八十七又參之於申得六千五百六十一又參之於酉得萬九千六百八十三又參之於戌得五萬九千四十九又參之於亥得十七萬七千一百四十七此陰陽合德氣鐘於子化生萬物者也然丑三分二寅九分八者並是分之餘數而漢書不說也 卯二十七分十六【索隱】此以丑三乘寅寅三乘卯得二十七南呂為卯衝長五寸三分寸之一以三約二十七得九即黃鐘之本數又以三約十六得五縣二分之一即南呂之長故云卯二十七分十六亦是太蔟三分去一下生南呂之義已下八辰並準此然丑三分二寅九分八者皆分之餘數也 辰八十一分六十四 巳二百四十三分一百二十八 午七百二十九分五百一十二 未二千一百八十七分一千二十四 申六千五百六十一分四千九十六 酉一萬九千六百八十三分八千一百九十二 戌五萬九千四十九分三萬二千七百六十八 亥十七萬七千一百四十七分六萬五千五百三十六

生黃鐘

術曰以下生者倍其實三其法【索隱】案蔡邕云陽生陰為下生陰生陽為上生又律歷志云陰陽相生自黃鐘始而左旋八八為五孟康註云從子數辰至未得八下生林鐘數又自未至寅亦得八上生太蔟律是也然上下相生皆以此為率今云以下生者謂黃鐘下生林鐘黃鐘長九寸倍其實者二九十八三其法者以三為法約之得六為林鐘之長也 以上生者四其實三其法【索隱】四其實者謂林鐘上生太蔟林鐘長六寸以四乘六得二十四以三約之得八即為太蔟之長也 上九商八羽七角六宮五徵九【索隱】此五聲之數亦上生三分益一上生三分宮去一下生徵徵益一上生商商去一下生羽羽益一上生角然此文似數錯未暇研覈也 置一而九三之以為法【索隱】漢書律歷志曰太極元氣函三為一行之於十二辰始動於子參之於丑得三又參之於寅得九是謂置一而九三之也韋昭曰置一而九以三乘之是也樂彥云一氣生於子至丑而三是一三也又自丑至酉為九皆以三乘之是九三也 實如法得長一寸【索隱】實謂以子一乘丑三至亥得十七萬七千一百四十七為實數如法謂以上萬九千六百八十三之法除實得九為黃鐘之長言得一者算術設法辭也得下有長一下有寸者皆衍字也韋昭云得九寸之一也姚氏謂得一即黃鐘之子數 凡得九寸命曰黃鐘之宮故曰音始於宮窮於角【索隱】即如上文宮下生徵徵上生商商下生羽羽上生角是其窮也 數始於一終於十成於三氣始於冬至周而復生神生於無形【正義】無形為太陽氣天地未形之時言神本在太虛之中而無形也 成於有形【正義】天地既分二儀已質萬物之形成於天地之間神在其中 然後數形而成聲【正義】數謂天數也聲謂宮商角徵羽也言天數既形則能成其五聲也 故曰神使氣氣就形形

言理乃有類

理如類有可類或未形而未類或同形而同類類而可班類而可識聖人知天地識之别故從有以至未有【正義】從有謂萬物形質也
未有謂天地未形也以得細若氣微若聲【正義】氣謂太易之氣聲謂五聲之聲也然聖人因神而存之【正義】言聖人因神理其形體辯至太易之氣故云因神而存之上云從有以至未有是也
雖妙必效情核其華道者明矣【正義】妙謂微妙之性也効猶見也核研核也華道神妙之道也言人雖有微妙之性必須聖智巳之情理然後研核神妙之道乃能究其形體辨其成聲故謂明矣故下云非有聖
心以乘聰明孰能存天地之神而成形之情哉是也非有聖心以乘聰明孰能存天地之神而成形之情哉神者物受之而不能知及其去來【正義】言萬
物受神妙之氣不能知覺及神去來亦不能識其往復也故聖人畏而欲存之唯欲存之神之亦存【正義】言聖人畏神妙之理難識而欲常存之唯欲常存之故其神亦存也其欲存之者
故莫貴焉【正義】言平凡之人欲得精神存者故亦莫如貴神之妙焉
大史公曰在旋璣玉衡以齊七政卽天地二十八宿【正義】宿音息袖反又音肅謂東方角亢氐房心尾箕南方井鬼柳星張翼軫西方奎婁胃昴畢觜參北方斗牛女虛危室壁凡二十八宿
一百二十八宿星也十母【正義】十干甲乙丙丁戊巳庚辛壬癸十二子【正義】十二支子丑寅卯辰巳午未申酉戌亥鐘律調自上古建律運歷造日度可據而度也【正義】度音田洛

乾隆四年校刊

史記卷二十五　曆書

十四

合符節通道德卽從斯之謂也
以其過放之歷山無末喜嗣舟之語　五月也律中蕤賓蕤賓者言陰氣幼少故曰蕤痿陽不用事故曰賓景風居南方景者言
陽氣道竟故曰景風其於十二子爲午午者陰陽交故曰午其於十母爲丙丁丙者言陽道著明故曰丙丁者言萬物之丁壯也
故曰丁西至於弧弧者言萬物之吳落且就死也西至於狼狼者言萬物可度量斷萬物故曰狼涼風居西南維主地地者沉奪
萬物氣也六月也律中林鐘林鐘者言萬物就死氣林林然其於十二子爲未未者言萬物皆成有滋味也北至於罰罰者言萬
物氣奪可伐也北至於參參者言萬物可參也故曰參七月也○一本作五月也律中蕤賓蕤賓者言陰氣幼少故曰蕤痿陽不
用事故曰賓其於十二子爲午午者陰陽交故曰午其於十母爲丙丁丙者言陽道著明故曰丙丁者言萬物之丁壯也故曰丁
景風居南方景者言陽氣道竟故曰景風六月也律中林鐘林鐘者言萬物就死氣林林然其於十二子爲未未者言萬物皆成
有滋味也西至於弧弧者言萬物之吳落且就死也西至於狼狼者言萬物可度量斷萬物故曰狼涼風居西南維主地地者沉
奪萬物氣也北至於罰罰者言萬物氣奪可伐也北至於參參者言萬物可參也故曰參七月也　律數○蔡元定曰黃鐘八寸
十分一林鐘五寸十分四太蔟七寸十分二南呂四寸十分八姑洗六寸十分四應鐘四寸二分三分二蕤賓五寸六分三分二

強四百八十六大呂七寸五分三分二強四百□□五夷則五寸□□三分二弱二百十一六夾鐘六寸七分三分一強一百九十八無射四寸四分三分二強六百□□二仲呂五寸九分三分二強五百八十一按律書此章所記分寸之法與他說不同以難曉故多誤蓋取黃鐘之律九寸一寸九分凡八十一分而又以十約之爲寸故云八寸十分一本作七分一者誤也今以相生次序列而正之其應鐘以下則有小分小分以三爲法如歷家太少餘分強弱耳其法未密也今以二千一百八十七爲全分七百二十九爲三分一一千四百五十八爲三分二餘分之多者爲强少者爲弱列於逐律之下其誤字悉正之隋志引此章中黃鐘林鐘太簇應鐘四律寸分以爲與班固司馬彪鄭氏蔡邕杜夔荀勗所論雖尺有增減而十二律之寸數並同則是時律書尚未誤也及司馬貞索隱始以舊本作七分一爲誤〻共誤亦未久也沈括亦曰此章七字皆當作十字誤屈中畫耳大要律書用相生分數相生之法以黃鐘爲八十一分今以十爲寸法故有八寸一分漢前後志及諸家用審度分數審度之法以黃鐘之長爲九十分亦以十爲寸法故有九十分法雖不同其長短則一故隋志云寸數並同也　神者物受之而不能知及其去來○臣照按及字衍文言物受之而不能知其去來也何以不能知以知者神知之神不知神猶日不見日眼不見眼也雖然神無去來受者物而神者物物則本無去來無知而無不知

曆

[redacted]

秋經於杭杭東手夏服若當　昌什寺於叙言

蕭何秦軍叢生民劉史　說文序零

李斯之國律等于　如任羲叢在

故史記曆書所之軍、又在書遷　杭將

漢書藏所藏在

厤法

傳十八年春王二月乙卯周毛得殺毛伯過毛伯過周大夫得過之族○過古禾反而代之代居其位疏注代居其位○正義曰毛氏世有釆地爲畿内之國於時天子微弱故自殺自代不能禁之萇弘曰毛得必亡是昆吾稔之日也侈故之以昆吾夏伯也稔熟也侈惡積熟以乙卯日與桀同誅○萇直良反稔而審反侈昌氏反又尸氏反夏戶雅反而毛得以濟侈於王都不亡何待爲二十六年毛伯奔楚傳疏是昆至何待○正義曰是乙卯者昆吾之君惡熟之日也由其侈故以此日死也而毛得以此日成其侈惡於王都不亡何待○注昆吾至同誅○正義曰鄭語云黎爲高辛氏火正命之曰祝融其後八姓昆吾爲夏伯楚世家云顓頊生稱稱生卷章卷章生黎黎爲高辛氏火正共工氏作亂帝使黎誅之而不盡帝誅黎使其弟吳回居火正爲祝融回生陸終終生子六人坼剖而產焉其長曰昆吾虞翻曰昆吾爲己姓封昆吾世本云昆吾者衛是也然則昆吾國名言昆吾夏伯者以表昆吾國君其上世嘗爲夏伯其惡熟誅者非此爲伯之身當是後世之孫以詩云韋顧既伐昆吾夏桀共桀同文又傳云乙卯云知以乙卯日與桀同時誅○三月曹平公卒爲下會葬見原伯起本

昭十八

天文

祥我大祖后稷之所經緯也王欲合是五位三所而用之自鶉及駟七列也南北之揆七同也凡神人以數合之以聲昭之數合聲和然後可同也故以七同其數而以律和其聲於是乎有七律也是言周樂有七音之意也五位者歲月日辰星之位也三所者星與日辰之位是一所也歲之所在是二所也月之所在武王以殷之十一月二十八日戊子發師其年歲星在鶉火之次也其日月合宿於房五度房即天駟之星也日在箕七度箕於次分在析木之津也日月之會謂之辰斗柄斗前也戊午後三日得周二月辛酉朔日月合宿於箕十度在斗前一度是爲辰在斗柄也星在天黿者星於五星爲水星辰星是也天黿即玄枵次之別名也於是辰星在婺女之宿其分在天黿之宿次也鶉是張星也駟是房星也天宿以右旋爲次張翼軫角亢氐房凡七宿是自鶉火至駟爲七列宿有七也鶉火在午天黿在子斗柄所建月移一次是自午至子爲南北之揆七同也揆度也度量星之有七同也武王既見天時如此因此以數比合之其數有七也以聲昭明之聲亦宜有七也故以七同其數五聲之外加以變宮變徵也此二變者舊樂無之聲或不會而以律和其聲謂和其聲使與五音諧會謂之七音由此也武王始加二變周樂有七音耳以前未有七杜言武王伐紂自午及子凡七日者尚書泰誓云戊午王次于河朔又牧誓云時甲子昧爽王朝至于商郊牧野乃誓又武成云戊午師逾孟津癸亥陳于商郊甲子受率其旅若林前徒倒戈攻于後以北血流漂杵一戎衣天下大定是自戊午至甲子七日也劉炫云杜既取國語之文以七同其數以律和其聲何爲又云自午及子凡七日乎是杜意以武王爲七日之故而作樂用七音也違國語之文是杜說謬今知不然者以尚書國語俱有七義事得兩通故杜兼而取之劉以爲杜背國語之文而規杜過非也

八風 八方之風○八風易緯通卦驗云東北曰條風東方曰明庶風東南曰清明風南方曰景風西南曰涼風西方曰閶闔風西北曰不周風北方曰廣莫風條風又名融風景風一名凱風 疏 八風○正義曰易緯通卦驗云立春調風至春分明庶風至立夏清明風至夏至景風至立秋涼風至秋分閶闔風至立冬不周風至冬至廣莫風至調風一名融風十八年傳云是謂融風是調融同也此八方之風以八節而至但八方風氣寒暑不同樂能調陰陽和節氣隱五年傳曰舞所以節八音而行八風故樂以八風相成也八節之風亦與八卦八音相配賈逵云兌爲金爲閶闔風也乾爲石爲不周風也坎爲革爲廣莫風也艮爲匏爲融風也震爲竹爲明庶風也巽爲木爲清明風也離爲絲爲景風也坤爲土爲涼風也是先儒依易緯配八風也

九歌 九功之德皆可歌也六府三事謂之九功○六府水火金木土穀三事正德利用厚生也 疏 九歌○正義曰九歌之事尚書大禹謨與文七年傳具有其文

以相成也 言此九者合然後相成爲和樂

清濁大小短長疾徐哀樂剛柔遲速高下出入周疏以相濟也 周密也○哀樂音洛下及注皆同周疏傳本皆作流然此五句皆相對不應獨作周流古本有作疏者案注訓周爲密則與疏相對宜爲疏耳 疏 清濁小大長短至出入周疏○正義曰周疏以上凡十事皆兩字相對其義相反乃言樂聲如此相反以成音曲猶羹之水火相反人之和爾不同也杜訓周爲密則疏爲希亦相反也俗本疏作流易繫辭云周流六虛仲尼燕居云周流無不徧也此彼文而誤耳杜既以周爲密則流當爲疏今定本作流非也

君子聽之以平其心 心平德和故詩曰德音不瑕 詩豳風也義取心平則德音無瑕闕○豳彼貧反 疏 詩曰德音不瑕○正義曰詩豳風狼跋美周公攝政遠則四國流言近則成王不知周大夫美其不失其聖也云公孫碩膚德音不瑕鄭玄云不瑕言不可疵瑕也

今據不然君所謂可據亦曰可君所謂否據亦曰否若以水濟水誰能食之若琴瑟之專壹誰能聽之同之不可也如是

萬物之理奮猶動也動至德之光謂降天神出地祇假祖考著猶成也○著張慮反假古迫反是故清明象天廣大象地終始象四時周還象風雨五色成文而不亂八風從律而不姦百度得數而有常小大相成終始相生倡和清濁迭相爲經清明謂人聲也廣大謂鐘鼓也周還謂舞者五色五行也八風從律應節至也百度百刻也言日月晝夜不失正也清謂蕤賓至應鐘也濁謂黃鐘至中呂○還音旋注同迭大結反中音仲故樂行而倫清耳目聰明血氣和平移風易俗天下皆寧言樂用則正人理和陰陽也倫謂人道也疏然後至皆寧○正義曰前經明君子去姦聲行正聲故此一節明正聲之道論兴樂之德可以移風易俗安天下也○發以聲音者謂其動發心志以聲音也○而文以琴瑟者謂文飾聲音以琴瑟也○動以干戚者謂其振動形體以干戚飾以羽旄者其裝飾樂具以羽旄也○從以簫管者謂其隨從諸樂以簫管奮至德之光者謂用上諸樂奮動天地至極之德光明謂神明來降也○動四氣之和者謂感動四時之氣序之和平使陰陽順序也○以著萬物之理者樂既和平故能著成萬物之道理謂風雨順寒暑時鬼神降其福蕃物得其所也○是故清明象天者由樂體如此故人之歌曲清絜顯明以象於天也廣大象地者謂鐘鼓鏗鏘寬廣壯大以象於地也○終始象四時者終於羽始於宮象四時之變化終而復始也○周旋象風雨者言舞者周匝迴還象風雨之迴復也○五色成文而不亂者五色五行之色也既有所象故應達天地五行之色各依其行色成就文章而不錯亂崔氏云五色者五行之音謂宮商角徵羽之聲和合成文不亂也而云五色因五行之色別廣以明義也○八風從律而不姦者八風八方之風也律謂十二月之律也樂音象八風其樂得其度故八風十二月律應八節而至不爲姦慝也八風者白虎通云距冬至四十五日條風至條者生也四十五日明庶風至明庶者迎衆也四十五日清明風至清明者芒也四十五日景風至景者大也言陽氣長養也四十五日涼風至涼寒也陰氣行也四十五日閶闔風至閶闔者戒收藏也四十五日不周風至不周者不交也言陰陽未合化矣四十五日廣莫風至廣莫者大莫也開陽氣也八節者立春春分立夏夏至立秋秋分立冬冬至○百度得數而有常者百度謂晝夜百刻昏明晝夜不失其正故度數有常也小大相成者賀瑒云十二月律互爲宮羽而相成也○終始相成者賀瑒云五行宮商迭相用爲終始○倡和清濁者謂十二月律先發聲者爲倡後應聲者爲和黃鐘至仲呂爲濁長者濁也蕤賓至應鐘爲清短者清也○迭相爲經者十二月之律更相爲常即還相爲宮是樂之常也○故樂行而倫清者倫類也以其正樂如上所爲故其樂施行而倫類清美矣人聽之則耳目聰明血氣和平也樂法既善變移敝惡讙風改革昏亂之俗人無惡事故天下皆寧矣○注清明至行也○正義曰人音氣濁唯人聲清明故知清明謂人聲也云廣大謂鐘鼓也者下云鐘聲鏗又云鼓鼙之聲讙鏗之與讙皆廣大之意云五色五行也者五行之聲宮商角徵羽相應成文如青黃相雜故云五色也○

天文

祭

師甸用牲於社——軍社　宗——遷主（異義之説）

靈臺……

鄭禮依郊祀爲之

大神——社及方嶽

紂近郊卅里名牧

凡師甸用牲于社宗則爲位社軍社也宗遷主也尚書傳曰王升舟入水鼓鐘亞觀臺亞將舟亞宗廟亞故書位爲涖杜子春云涖當爲位書亦或爲位宗謂宗廟○甸音田下大甸同疏凡師至爲位釋曰師謂出師征伐甸謂四時田獵二者在外或有祈請皆當用牲社及宗時皆肆師爲位祭也○注社軍至宗廟○釋曰云社軍社也者在軍不用命戮於社又君以軍行祓社釁鼓故名軍社也鄭知宗遷主者曾子問云師行必以遷廟主行載于齊車故知遷主也尚書傳曰王升舟已下者謂說武王於文王受命十一年觀兵之時武王於孟津渡河升舟大水在前鼓鐘亞亞王舟後觀臺亞者觀臺可以望氣祥亞鼓鐘後將舟亞者以社主殺戮而軍將同故名社主爲將將舟在亞觀臺後宗廟亞者宗廟則遷主也亞在將舟後引之者證在軍有社及宗之意也異義公羊說天子有三臺有靈臺所以觀天文有時臺以觀四時施化有囿臺所以觀鳥獸魚鼈諸侯卑無靈臺不得觀天文有時臺囿臺左氏說天子有靈臺諸侯有觀臺若然文王時已有靈臺今武王而曰觀臺者鄭君之意觀臺則靈臺對文有異散文則通類造上帝封于大神祭兵于山川亦如之造猶即也爲兆以類禮即祭上帝也類禮依郊祀而爲之者封謂壇也大神社及方嶽也山川蓋軍之所依止大傳曰牧之野武王之大事也既事而退柴於上帝祈于社設奠於牧室○造七報反注造猶同牧戚音目劉音茂疏類造至如之○釋曰上經用牲於社宗據在軍下云師不功據敗退後即此經據尅勝後事告天及社之事○注造猶至牧室○釋曰諸文皆云造于禰類于

122

附釋音春秋左傳注疏卷第三 隱三年盡五年

杜氏注 孔穎達疏

經三年春王二月己巳日有食之。無傳日行遲一歲一周天月行疾一月一周天一歲凡十二交會然日月動物雖行度有大量不能不小有盈縮故有雖交會而不食者或有頻交而食者唯正陽之月君子忌之故有伐鼓用幣之事今釋例以長麻推經傳明此食是二月朔也不書朔史失之書朔日例在桓十七年○己巳上音紀下音祀後倣此食如字本或作蝕音同盈音亮縮所六反 疏 注日行至七年○正義曰古今之言麻者大率皆以周天爲三百六十五度四分度之一日行一度故一歲乃行一周天月行比日爲疾每日行十三度十九分度之七故一月內則行一周天又行二十九度過半乃逐及日言月一周天者略言之耳其實及日之時不啻一周天也日月雖共行於天而各有道每積二十九日過半行道交錯而相與會集以其一會謂之一月每一歲之間凡有十二會故一歲爲十二月日食者月掩之也日月之道互相出入或月在日表從外而入內或月在日裏從內而出外道有交錯故日食也二十九日過半月及日者以麻家一度分爲九百四十分則四百七十分爲半今月來及日凡二十九日又四百九十九分是過半校二十九分也日有食之言有物來食之也日月同處則日被月映而形魄不見聖人不言月來掩日而云日有食之者以其月不可見作不知之辭穀梁傳曰其不言食之者何也知其不可知也是言懷疑故不言月也朔則交會故食必在朔然而每朔皆會應每月常食故解之言日月動物雖行度有大量不能不小有盈縮故有雖交會而不食者或有頻交而食者自隱之元年盡哀二十七年積二百五十五年凡三千一百五十四月唯三十七食是雖交而不食也襄二十一年九月十月頻食二十四年七月八月頻食是頻交而食也食無常月唯正陽之月君子忌之以日食者陰侵陽也當陽盛之月不宜爲弱陰所侵故有伐鼓用幣之事餘月則否其日食例皆書朔己巳之下經無朔字長麻推此己巳實是朔日而不書朔史失之也此注作大判言耳戰國及秦麻紀全差漢來漸候天時始造其術劉歆三統以爲五月二十三分月之二十而日一食容得食日而不得加時漢末會稽都尉劉洪作乾象麻始推月行遲疾求日食加時後代脩之漸益詳密今爲麻者推步日食莫不符合但無頻月食法故漢朝以來殆將千歲爲麻者皆○百七十三日有餘而始一交會未有頻月食者今頻月而食乃是正經不可謂之錯誤世考之麻術事無不驗不可謂之疏失由是注不能定故未言之也又漢書高祖本紀高祖即位三年十月十一月晦日頻食則自有頻食之理其解在襄二十四年穀梁傳曰言日不言朔食晦日也朔日並不言食晦夜也朔日並言食正朔也言朔不言日食既朔也

十三經注疏 春秋左傳三 隱公二年 三年 十五

禮遂畢止不獻佐食以下云郊社亦然者王制云天地社稷爲越紼而行事是與五祀同也趙商問云自啓至反哭五祀之祭不行注云郊社亦然者按王制云唯天地社稷爲越紼而行事何趙商之意葬時郊社之祭不行何得有越紼而行事鄭荅越紼行事喪無事時天地郊社有常日自啓及至反哭自當辟之鄭言無事者謂未殯以前是有事既殯以後未啓以前是無事得行祭禮故有越紼行事鄭云郊社有常日自啓至反哭自當辟之者郊社既有常日自啓反哭當辟此郊社之日郊社尊故辟其日不使相妨五祀既畢若與啓反哭日相逢則五祀辟其日也鄭言天地社稷去殯處遠祭時踰越此紼而往赴之五祀去殯處近暫往則還故不爲越紼也云唯嘗禘宗廟俟吉也者謂爲嘗禘之禮以祭宗廟待於吉故王制云喪三年不祭是也其在喪祭郊社之時其喪所朝夕仍奠知者雜記云國禁哭則止朝夕之奠即位自因也人臣尚爾明天子得也○注帥循至亦然○正義曰帥循也此釋詁文以經云奉循天子按上天子有祭五祀之文今云奉循如天子謂諸侯五祀亦如天子故云謂五祀之祭是諸侯五祀如天子五祀也今此諸侯祭社稷其遭喪節制與五祀同故云社稷亦然按天子崩后喪諸侯當奔赴得奉循天子之禮者諸侯或不自親奔而身在國者或唯據君薨及夫人之喪其嗣子所祭得奉循天子者也

○曾子問曰大夫之祭鼎俎既陳籩豆既設不得成禮廢者幾孔子曰九請問之曰天子崩后之喪君薨夫人之喪君之大廟火日食三年之喪齊衰大功皆廢外喪自齊衰以下行也齊衰異門則祭其齊衰之祭也尸入三飯不侑酳不酢而已矣大功酢而已矣小功緦室中之事而已矣室中之事謂賓長獻○長知丈反下文註長同士之所以異者緦不祭然則士不得成禮者十一所祭於死者無服則祭謂若舅舅之子從母昆弟

疏曾子至行也○正義曰不直云大功以上皆廢而歷序三年之喪齊衰大功者以曾子問廢者有幾孔子對云廢者有九遂歷序九種之事一一備言此大夫祭者謂祭宗廟故下文云所祭於死者無服則祭是據宗廟也○注齊衰異門則祭○正義曰今遭異門其齊衰之喪祭也○尸入三飯不侑酳不酢而已矣○若遭異門齊衰之喪其祭迎尸入室但三飯則止祝更不勸侑使至十一但三飯耳則主人酳酒酳尸尸不酢主人唯此而已○大功酢而已矣○大功服輕祭禮稍備尸三飯祝侑至十一飯而止主人酳酒酳尸尸酢主人主人乃停故云大功酢而已矣○小功緦室中之事而已矣○小功與緦麻其服轉輕祭禮轉備其祭尸○十一飯訖主人酳尸尸卒爵酢主人主人獻祝及佐食畢次主婦獻尸尸酢主婦主婦又獻祝及佐食次賓長獻尸○若平常之祭尸得賓長獻爵則止不舉待致爵之後尸乃舉爵今既喪殺賓長獻尸尸飲以酢賓賓又獻祝及佐食而祭畢止凡尸在室之奧祝在室中北廂南面佐食在室中戶西北面但主人主婦及賓獻尸及祝佐食等三人畢則止故云室中之事而已矣若致爵之時主婦在房中南面主人獻賓堂上北面皆不在室中其室中者獻尸祝佐食耳故此注云室中之事謂賓長獻此小功緦麻兼內外知者以前文云內喪大功以上廢則知內喪小功以下不廢也按雜記云臣妾死於宮中三月而後祭之此內喪緦麻不廢祭者此謂鼎俎既陳臨祭之時故不廢也若不當祭時有臣妾死於宮中及大夫爲貴

妾緦庶子爲父後者爲其母緦之屬皆不祭○士之所以異者緦不祭○孔子見曾參歷問至大夫必應及士故因廣舉士以語之大夫唯至大功爲九而士又加緦小功二等合爲十一此亦謂祭宗廟鼎俎既陳而值喪也大夫祭值緦小功不辨內外皆不廢祭而禮則小異耳士值緦小功不辨外內一切皆廢祭士輕故爲輕親伸情也○所祭於死者無服則祭所祭謂士祭祖禰而死者已雖爲緦祖禰於死者無服鼎俎既陳則亦祭也○注謂若至昆弟○正義曰此等於已雖服緦而於祖禰則無服然此皆母親而得云無服者祭祀以祖禰爲主母親於已服緦於祖禰無服然此皆母親以父爲主也其從母父雖無服已爲小功熊氏云亦廢祭也皇氏云以從母於父無服不廢祭也按經云緦不祭所祭於死者無服則祭據緦爲文似不關小功故鄭以緦服解之皇氏横加小功其義非也○

歷

陔餘叢考十六

周秦改朔不改月次辨

天文

恒星之數　世分乃爾斗降為歲差之説

宋元以前有門名

度一南北　道一東西　朔望　日月食

天問

地之四旁一一日月所照皆可同見

又

氣朔閏歲周

天文

三

[illegible]

春秋[illegible]至[illegible]四三年　[illegible]

地理

天錫一懋

收電　備書祇六爻休于天錫

勢事毋誤恩謨

曆法

授時以守祭享用及

周方周月

曆法

弢之 彭稿

蓋天論

宣夜論 安天論 周蓋天論

卮收

刑法

隋唐五代之創設法的制度形成以下

書後

周予學壺氏舊陪

必辰

一日分十二時

殷異哉將子核論之明見左氏杜注

子午の氣

明見周書時訓解

七十二候

古周書載五日謂之候三候謂之氣六氣

謂之時四時謂之歲

諏訾初危十六度立春中營室十四度驚蟄○臣召南按古節氣以驚蟄爲正月中以雨水爲二月節鄭康成月令注曰漢始以雨水爲二月節孔穎達春秋疏曰太初以後更改氣名以雨水爲正月中驚蟄爲二月節迄今不改據此志云云則是太初節

氣猶仍古時至東漢始改雨水于驚蟄之前又改穀雨于清明之後後書志可証也 角十二亢九云云○臣召南按此洛下閎所度星度祗据赤道唐志詳言之其黃道度數自宋志始載然後世歷家疏密不一惟黃道度較赤道爲易差郭守敬曰赤道列舍相距度數歷代所測不同非微有動移則前人所測或未密也今以此文星度校之元史具列唐一行宋皇祐元豐崇寧時所測元至元中用二線所測度分稍有不同然大致不異也則洛下閎之術亦神矣

曆

歷數之起上矣傳述顓頊命南正重司天火正黎司地臣瓚曰南正司天則北正當司地不得言火正也古文火字與北相似故遂誤耳師古曰此說非也班固幽通賦云黎醇燿于高辛是則黎爲火正也其後三苗亂德二官咸廢師古曰三苗國名縉雲氏之後爲諸侯者即饕餮也二官重黎也而閏餘乖次孟康曰以歲之餘日爲閏故曰閏餘次十二次也史推歷失閏則斗建與月名錯也孟陬殄滅孟康曰正月爲孟陬歷紀廢絶閏餘乖錯不與正歲相值謂之殄滅也攝提失方孟康曰攝提星名隨斗杓所指建十二月若歷課春三月當指辰而乃指巳爲失方也堯復育重黎之後使纂其業故書曰迺命羲和欽若昊天歷象日月星辰敬授民時歲三百有六旬有六日以閏月定四時成歲允釐百官衆功皆美師古曰此皆虞書堯典之辭也欽敬若順也昊天言天氣廣大也星四方之中星也辰日月所會也羲氏和氏重黎之後以其繼掌天地故堯命之使敬順昊天歷象星辰之分節敬記天時以授下人也匝四時凡三百六十六日而定一歲十二月凡三十日正三百六十日則餘六日矣又除小月六日是爲歲有餘十二日未盈三歲便得一月則置閏焉以定四時之氣節成一歲之歷象則能信理百官衆功皆美也其後以授舜曰咨爾舜天之歷數在爾躬舜亦以命禹至周武王訪箕子箕子言大法九章而五紀明歷法孟康曰歲月日星辰是謂五紀也師古曰大法九章即洪範九疇也其四曰協用五紀也故自殷周皆創業改制咸正歷紀服色從之順其時氣以應天道三代既沒五伯之末史官喪紀疇人子弟分散如淳曰家業世世相傳爲疇或在夷狄故其所記有黃帝顓頊夏殷周及魯歷戰國擾攘秦兼天下未遑暇也亦頗推五勝孟康曰五行相勝秦以周爲火用水勝之而自以爲獲水德乃以十月爲正色尚黑師古曰獲水德謂有黑龍之瑞漢興方綱紀大基庶事草創襲秦正朔以北平侯張蒼言用顓頊歷比於六歷疏闊中最爲微近然正朔服色未覩其眞而朔晦月見弦望滿虧多非是至武帝元封七年漢興百二歲矣大中大夫公孫卿壺遂太史令司馬遷等言歷紀壞廢宜改正朔是時御史大夫兒寬明經術師古曰兒音五奚反上迺詔寬曰與博士共議今宜何以爲正朔服色何上寬與博士賜等議皆曰帝王必改正朔易服色所以明受命於天也創業變改制不相復師古曰復重也因也音扶目反次下亦同推傳序文則今夏時也臣等問學褊陋不能明陛下躬聖發憤昭配天地師古曰躬聖者言身有聖德也發憤謂念正朔未定也昭明也臣愚以爲三統之制後聖復前聖者二代在前也今二代之統絶而不序矣唯陛下發聖德宣考天地四時之極則順陰陽以定大明之制爲萬世則於是迺詔御史曰迺者有司言歷未定廣延宣問以考星度未能讎也師古曰讎相當蓋聞古者黃帝合而不死名察發斂定清濁起五部建氣物分數應劭曰言黃帝造歷得仙名節會察寒暑致啟分發斂至定清濁起五部五部金木水火土也建氣物分數皆敘歷之意也孟康曰合作也黃帝作歷歷終而復始無窮已也故曰不死名春夏爲發秋冬爲斂清濁謂律聲之清濁也五部謂五行也天有四時分爲五行也氣二十四氣也物萬物也分歷數之分也晉灼曰蔡邕天文志渾天名察發斂以行日月以步五緯臣瓚曰黃帝聖德與神靈合契升龍登仙於天故曰合而不死題名宿度候察進退史記曰名察宿度謂三辰之度吉凶之驗也然

則上矣書缺樂弛朕甚難之師古曰弛廢也音式爾反依違以惟未能修明師古曰依違不決之意也惟思也其以七年為元年李奇曰改元封七年為太初元年遂詔卿遂
遷與侍郎尊大典星射姓等師古曰姓射名姓也議造漢歷迺定東西立晷儀下漏刻以追二十八宿相距於四方舉終以定朔晦分至躔
離弦望應劭曰躔徑也離遠也臣瓚曰案離歷也日月之所歷也鄧展曰日月躔歷度次迺以前歷上元泰初四千六百一十七歲至於元封七年復得閼逢攝提格之
歲中冬孟康曰言復得者上元泰初亦是閼逢之歲歲在甲曰閼逢在寅曰攝提格此為甲寅之歲也師古曰中讀曰仲○劉攽曰十七歲當作十一歲十一月甲子朔旦冬至日月在建星李奇曰古以建星為
宿今以牽牛為宿孟康曰建星在牽牛間晉灼曰賈逵論太初歷冬至日在牽牛初者牽牛中星也古歷皆在建星建星即斗星
也太初歷四分法在斗二十六度史官舊法冬夏至常不及太初歷五度四分法在斗二十一度與行事候法天度相應○宋祁
曰建星在斗後十三度在牽牛前十一度當云在斗牛間孟說非太歲在子已得太初本星度新正姓等奏不能為算師古曰姓即射姓也願募治歷者更造密度各自增
減以造漢太初歷迺選治歷鄧平及長樂司馬可酒泉候宜君師古曰可者司馬之名也宜君亦候之名也候官號也故曰東南一尉西北一候侍郎尊及與民間治歷
者凡二十餘人方士唐都巴郡落下閎與焉晉灼曰二人姓名也史記歷書唐都分天部而巴郡落下閎運算推歷師古曰姓唐名都方術之士也姓落下名閎巴郡人也都與閎凡二人都分天部孟康
曰謂分部二十八宿為距度而閎運算轉歷其法以律起歷曰律容一龠積八十一寸則一日之分也孟康曰黃鍾律長九寸圍九分以圍乘長得積八十一寸也與長相
終律長九寸百七十一分而終復三復而得甲子夫律陰陽九六爻象所從出也故黃鍾紀元氣之謂律律法也莫不取法焉與
鄧平所治同於是皆觀新星度日月行更以算推如閎平法法一月之日二十九日八十一分日之四十三先藉半日名曰陽歷
不藉名曰陰歷所謂陽歷者先朔月生陰歷者朔而後月迺生平曰陽歷朔皆先旦月生以朝諸侯王羣臣便迺詔遷用鄧平所
造八十一分律歷罷廢尤疏遠者十七家復使校歷律昏明宦者淳于陵渠復覆太初歷晦朔弦望皆最密日月如合璧五星如
連珠孟康曰謂太初上元甲子夜半朔旦冬至時七曜皆會聚斗牽牛分度夜盡如合璧連珠也師古曰言其應候不差也陵渠奏狀遂用鄧平歷以平為太史丞後二十七年元鳳三年
太史令張壽王上書言歷者天地之大紀上帝所為傳黃帝調律歷漢元年以來用之今陰陽不調宜更歷之過也詔下主歷使
者鮮于妄人詰問壽王不服妄人請與治歷大司農中丞麻光等二十餘人雜候日月晦朔弦望八節二十四氣鈞校諸歷用狀
○宋祁曰鈞校當作鉤校奏可詔與丞相御史大將軍右將軍史各一人雜候上林清臺課諸歷疏密凡十一家以元鳳三年十一月朔旦冬
至盡五年十二月各有第壽王課疏遠案漢元年不用黃帝調歷壽王非漢歷逆天道非所宜言大不敬有詔勿劾復候盡六年
太初歷第一即墨徐萬且長安徐禹治太初歷亦第一師古曰且音子余反壽王及待詔李信治黃帝調歷課皆疏闊又言黃帝至元鳳三
年六千餘歲丞相屬寶長安單安國安陵桮育治終始蘇林曰桮音布回反師古曰姓桮名育也單音善言黃帝以來三千六百二十九歲不與壽王合

壽王又移帝王錄舜禹年歲不合人年壽王言化益爲天子代禹（師古曰化益即伯益）驪山女亦爲天子在殷周閒皆不合經術壽王歷迺太史官殷歷也壽王猥曰安得五家歷（師古曰猥曲也）又妄言太初歷虧四分日之三去小餘七百五分以故陰陽不調謂之亂世劾壽王吏八百石古之大夫服儒衣誦不祥之辭作妖言欲亂制度不道奏可壽王候課比三年下（師古曰比頻也下下獄也音胡稼反）終不服再劾死更赦勿劾（師古曰更經也音工衡反）遂不更言誹謗益甚竟以下吏故歷本之驗在於天自漢歷初起盡元鳳六年三十六歲而是非堅定至孝成世劉向總六歷列是非作五紀論向子歆究其微眇（師古曰眇細也音莫小反又讀曰妙妙絶若甚也）作三統歷及譜以說春秋推法密要故述焉（師古曰自此以下皆班氏所述劉歆之說也）

有黃帝顓頊夏殷周及魯歷○臣召南按昔後人依托爲之藝文志有黃帝五家歷三十三卷顓頊歷二十一卷又夏殷周歷十四卷至魯歷則杜預釋例云今世所謂魯歷不與春秋相符殆好事者爲之非真也

能推也○史記歷書作未能詹也

名察發歛注應劭曰名節會察寒暑

黄帝近日推矣

史記五帝本紀

「黄帝乃為代某某隆之責乃建人君家之道也」

大五月廿日刊郭言曲

庶此

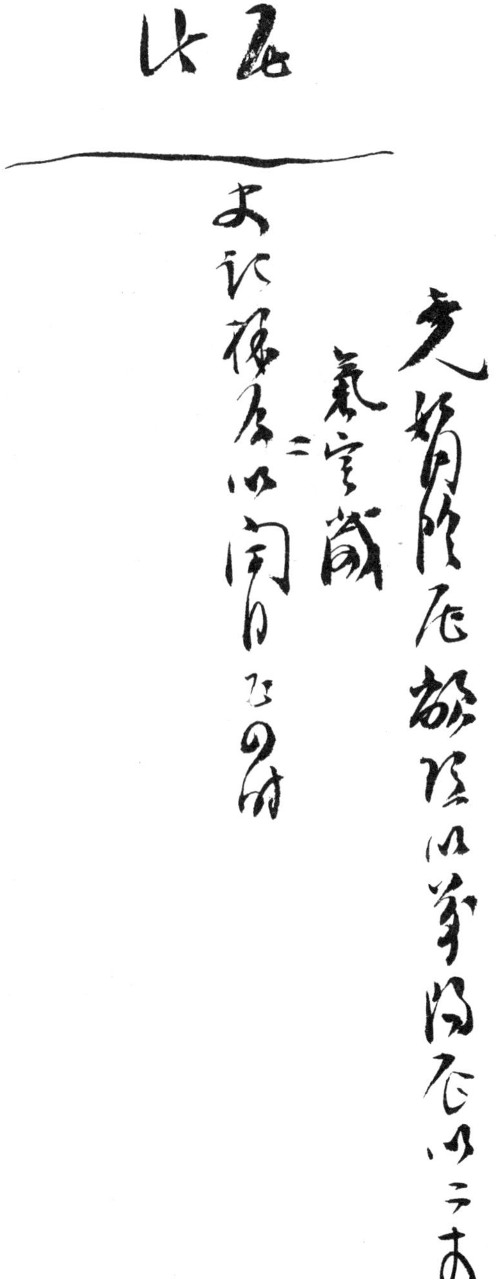

比压

先贤所压谈论以笔润压以二者

气宇藏

也说提压以润自然的结

歷法

耕之時

史記五帝紀：「鳥……」左舉舊本紀，知[illegible]載之所以爲

九[illegible]……」索隱：「王肅曰：『為[illegible]不遑之時之[illegible]也。』」

始事耕之時，蓋必今據居本[illegible]時則

古時之人，居於[illegible]……之人食也

史記卷二十六

曆書第四

昔自在古歷建正作於孟春【索隱】案古歷者謂黃帝調歷以前有上元太初歷等皆以建寅爲正謂之孟春也及顓頊夏禹亦以建寅爲正唯黃帝及殷周魯並建子爲正而秦正建亥漢初因之至武帝元封七年始改用太初歷仍以周正建子爲十一月朔旦冬至改元太初焉今案此文至於十二月節皆出大戴禮虞史伯夷之辭也於時冰泮發蟄百草奮興秭鳺先滜【集解】徐廣曰秭音姊鳺音規子鳺鳥也一名鶗鴂【索隱】秭鳺先滜謂子鳺鳥春氣發動則先出野澤而鳴也又案大戴禮作瑞雉無釋未測其旨當是字體各有訛變耳鶗音弟鴂音桂楚辭云慮鶗鴂之先鳴使夫百草爲之不芳解者以鶗鴂爲杜鵑也物迺歲具生於東次順四時卒于冬分時【索隱】卒音子律反分如字卒盡也言建歷起孟春盡季冬則一歲之事具也冬盡之後分爲來春故云冬分也雞三號卒明【集解】徐廣曰卒一作平又云卒斯也【索隱】三號三鳴也言夜至雞三鳴則天曉乃始爲正月一日言異歲也徐廣云卒一作平又作斯於文皆便撫十二節卒于丑【正義】撫猶循也自平明寅至雞鳴丑凡十二辰辰盡丑又至明朝寅使一日一夜故曰臨明日月成故明也明者孟也幽者幼也幽明者雌雄也雌雄代興而順至正之統也日歸于西起明于東月歸於東起明于西正不率天又不由人【索隱】此文出大戴禮是孔子稱周太史之詞則凡事易壞而難成矣王者易姓受命必慎始初改正朔易服色推本天元順承厥意【索隱】言王者易姓而興必當推本天之元氣行運所在以定正朔以承天意故云承順厥意也

太史公曰神農以前尚矣蓋黃帝考定星歷【索隱】系本及律歷志黃帝使羲和占日常儀占月臾區占星氣伶綸造律呂大撓作甲子隸首作算數容成綜此六術而著調歷也建立五行起消息【正義】皇侃云乾者陽生爲息坤者陰死爲消也正閏餘【集解】騶案漢書音義曰以歲之餘爲閏故曰閏餘【正義】鄧平落下閎云一月之日二十九日八十一分日之四十三按計其餘分成閏故云正閏餘也每一歲三百六十六日餘六日小月六月是一歲餘十二日六計三十三月則一閏之耳於是有天地神祇物類之官是謂五官【正義】應劭云黃帝受命有雲瑞故以雲紀官春官爲青雲夏官爲縉雲秋官爲白雲冬官爲黑雲中官爲黃雲按黃帝置五官各以物類名其職掌也各司其序不相亂也民是以能有信神是以能有明德民神異業敬而不瀆故神降之嘉生【集解】應劭曰嘉穀也民以物享【正義】劉伯莊云物事也人皆順事而享福也災禍不生所求不匱少皞氏之衰也九黎亂德【集解】騶案漢書音義曰少皞時諸侯作亂者民神雜擾不可放物【索隱】放音昉依也禍菑荐至莫盡其氣【索隱】荐音在見反荐集也字或作薦古字假借用爾顓頊受之乃命南正重司天以屬神命火正黎司地以屬民【集解】應劭曰黎陰官也火數二二地數也故火正司地以屬萬民【索隱】案左傳重爲句芒木正黎爲祝融火正此言南者劉氏以爲南字誤非也蓋重黎二人元是木火之官兼司天地職而天是陽南是陽位故木亦是陽所以木正爲南正也而火是地正亦稱北正者火數二二地數地陰主北方故火正亦稱北正爲此故也臣瓚以爲古文火字似北未爲深得也使復舊常無相侵瀆其後三苗服九黎之德【正義】孔安國云三苗縉雲氏之後諸侯也按服從也言九黎之君在少皞之世作亂今三苗之君從九黎亂德故南北二官皆廢使曆數失序故二官咸廢所職而閏餘乖次孟陬殄滅攝提無紀歷數失序【集解】騶案漢書音義曰次十二次也史推歷失閏則斗建與月名錯正月爲孟陬閏餘乖錯不與正歲相值謂之殄滅攝提星名隨斗杓所指建十二月

鄒衍 五行 張蒼 神仙

若歷誤春三月當指辰而指巳是謂失序〔索隱〕案正月爲陬陬音鄒又作侯反楚詞云攝提貞于孟陬言歷數乖誤及使孟陬殄滅不得其正也天官書云攝提三星若鼎足句直斗杓所指以建時節故爲攝提格格至也言攝隨月建至
故云格也堯復遂重黎之後不忘舊者使復典之而立羲和之官明時正度則陰陽調風雨節茂氣至民無夭疫年耆禪舜
申戒文祖云〔集解〕徐廣曰戒一作敕〔正義〕言於文祖之廟以申戒舜也天之歷數在爾躬〔集解〕何晏曰歷數謂列次也舜亦以命禹〔集解〕孔安國曰舜亦以堯命己之辭命禹也由是
觀之王者所重也夏正以正月殷正以十二月周正以十一月蓋三王之正若循環窮則反本天下有道則不失紀序
無道則正朔不行於諸侯幽厲之後周室微陪臣執政史不記時君不告朔〔集解〕鄭玄曰禮人君每月告朔於廟有祭謂之朝享故疇人子弟分
散〔集解〕如淳曰家業世世相傳爲疇律年二十三傳之疇官各從其父學〔索隱〕韋昭云疇類也孟康云同類之人明歷者也樂彥云疇昔知星人也或在諸夏或在夷狄是以其禨祥廢而不
統〔集解〕如淳曰呂氏春秋荊人鬼而越人禨今之禨祥禱祠淫祀之比也晉灼曰禨音珠璣之璣周襄王二十六年閏三月而春秋非之先王之正時也履端於始〔集解〕
韋昭曰謂正歷必先稱端始也若十一月朔旦冬至也舉正於中〔集解〕韋昭曰氣在望中則時日昏明皆正也歸邪〔集解〕音餘於終〔集解〕韋昭曰邪餘分也終閏月也中氣在晦則後月閏在望是其正中也履
端於始序則不愆舉正於中民則不惑歸邪〔集解〕音餘於終事則不悖其後戰國並爭在於彊國禽敵救急解紛而已豈遑
念斯哉是時獨有鄒衍明於五德之傳〔正義〕傳音竹戀反五德五行也而散消息之分以顯諸侯而亦因秦滅六國兵戎極煩又升至
尊之日淺未暇遑也而亦頗推五勝〔集解〕駰案漢書音義曰五行相勝秦以周爲火用水勝之也而自以爲獲水德之瑞更名河曰德水而正〔正義〕音征
以秦始皇名諱之故改也以十月色上黑然歷度閏餘未能睹其真也漢興高祖曰北畤待我而起亦自以爲獲水德之瑞雖明習
歷及張蒼等咸以爲然是時天下初定方綱紀大基高后女主皆未遑故襲秦正朔服色至孝文時魯人公孫臣以終
始五德上書言漢得土德宜更元改正朔易服色當有瑞瑞黃龍見事下丞相張蒼張蒼亦學律歷以爲非是罷之其
後黃龍見成紀張蒼自黜所欲論著不成而新垣平以望氣見頗言正歷服色事貴幸後作亂故孝文帝廢不復問至
今上即位招致方士唐都分其天部〔集解〕駰案漢書音義曰謂分部二十八宿爲距度而巴落下閎運算轉歷〔集解〕徐廣曰陳術云徵士巴郡落下閎也〔索隱〕姚氏案益部耆
舊傳云閎字長公明曉天文隱於落下武帝徵待詔太史於地中轉渾天改顓頊歷作太初歷拜侍中不受也然後日辰之度與夏正同乃改元更官號封泰山因詔御史曰
乃者有司言星度之未定也廣延宣問以理星度未能詹也〔集解〕徐廣曰詹一作售也〔索隱〕漢書作讎讎即售也故徐廣作售韋昭云讎比校也鄭德云相應爲讎也蓋聞
昔者黃帝合而不死名察度驗定清濁起五部建氣物分數〔集解〕應劭曰言黃帝造歷得仙名節會察寒暑致啟閉分至定清濁起五部五部金木水火土也建氣物分數皆敘
歷之意也孟康曰合作也黃帝作歷歷終復始無窮已故曰不死清濁律聲之清濁也五部五行也天有四時爲五行也氣二十四氣物萬物也分歷數之分也贊曰黃帝聖德與虛合契升龍登仙於天故曰合而不死題名宿度候察進
退謂三辰之度吉凶之驗也〔索隱〕臣瓚解爲得案漢書作名察發斂韋昭云發散斂斂也又續漢書以爲道義之發斂景人之長短則發斂是日行道去極盈縮者也然蓋尚矣書缺樂弛朕甚閔焉朕
唯未能循明也紬績日分〔索隱〕紬音宙又如字紬績者女工紬緝之意以言造歷算運者猶若女工緝而織之也率應水德之勝〔集解〕徐廣曰蓋以爲應土德土勝水今日順夏至

〔索隱〕謂夏至冬至也黃鐘爲宮林鐘爲徵太蔟爲商南呂爲羽姑洗爲角自是以後氣復正羽聲復清名復正變以至子日當冬至則陰陽離合之道行焉十一月甲子朔旦冬至已詹其更以七年爲太初元年〔索隱〕改元封七年爲太初元年然漢始以建亥爲年首今改以建子故以七年爲元年韋昭云漢興至此百二歲案律歷志云乃以前歷上元太初四年千六百一十七歲至元封七年復得閼逢攝提之歲中冬十一月甲子朔旦冬至也年名焉逢攝提格〔集解〕徐廣曰歲陰在寅左行歲星在丑右行〔索隱〕爾雅云歲在甲曰焉逢寅曰攝提格則此甲寅之年十一月甲子朔旦夜半冬至也然此篇末亦云寅名攝提則是甲寅不疑也又據二年名單閼三年名執徐等年次分明而漢志以爲其年在丙子當是班固用三統與太初歷不同故與太史公說有異而爾雅近代之作所記年名又皆不同也蘇林云左行右行歲與星行所在之次月名畢聚日得甲子夜半朔旦冬至〔集解〕文穎曰律居陰而治陽歷居陽而治陰更相治間不容翲忽五家文悖異推太初之元也〔索隱〕聚音娵案僖公云天元之始於十一月甲子夜半朔旦冬至日月若連珠俱起牽牛之初歲雄在閼逢雌在攝提格月雄在畢雌在訾訾則娵訾之宿日雄在甲雌在子是陽氣支干之首也

歷術甲子篇〔索隱〕以十一月朔旦冬至得甲子甲子是陽氣支干之首故以甲子命歷術爲篇首非謂此年歲在甲子也

太初元年歲名焉逢〔索隱〕甲歲雄也漢書作閼逢亦音焉與此音同攝提格〔索隱〕寅歲陰也此依爾雅甲寅之歲若據漢志以爲丙子之年也月名畢聚〔索隱〕謂月值畢及娵訾也畢月雄也聚月雌也日得甲子〔索隱〕謂十一月冬至朔旦得甲子也〔正義〕置大餘五十四算每年加五十四日滿六十日除之奇算留之每至閏後一年加二十三算亦滿六十日除之奇算留之若幾足六十日明年云無大餘無小餘也又明年以置五十四算如上法置小餘三百四十八算每年加三百四十八分滿九百三十八分成一日歸上餘算留之若至閏後一年加八百四十七分亦滿九百三十八分成日歸大餘奇留之明年以加三百四十八算如上法也夜半朔旦冬至〔索隱〕以建子爲正故以夜半爲朔其至與朔同日故云夜半朔旦冬至若建寅爲正則以平旦爲朔〔正義〕置大餘五算加五日滿六十日則除之後年更置五算如上法置小餘八算每年加八算滿三十二分爲一日歸大餘後年更置八算如上法大餘者日也小餘者日之奇分也正北〔索隱〕謂蔀首十一月甲子朔旦時加子爲冬至故云正北也然每歲行周天全度外餘有四分一以十二辰分之冬至常居四仲故子年在子丑年在卯寅年在午卯年在酉至後十九年章首在酉故云正西其正南正東並準此〔正義〕黃鐘管子時氣應稱正北順行四時仲所至爲正月一日是歲之始盡一章十九年黃鐘管應在酉則稱正西他皆放此

十二〔索隱〕歲有十二月有閏則云十三月

無大餘　無小餘〔索隱〕其歲甲子朔旦日月合於牽牛之初餘分皆盡故無大小餘〔正義〕無大小餘者以生閏月之歲有三百五十四日三百四十八分除五甲三百日餘有五十四日三百四十八分末滿六十日故置爲來年大小餘亦爲大初元年日行甲子朔旦冬至前年無奇日分故無大小餘也

無大餘　無小餘〔索隱〕上大小餘朔之大小餘此謂冬至大小餘冬至亦與朔同日並無餘分至與朔法異故重列之

焉逢攝提格太初元年〔索隱〕漢志太初元年歲在丙子案此則甲寅歲爾雅釋天云歲陽者甲乙丙丁戊己庚辛壬癸十干是也歲陰者子丑寅卯辰巳午未申酉戌亥十二支是也歲陽在甲云焉逢謂歲干也歲陰在寅云攝提格謂歲支也〔正義〕焉音於乾反後同

十二

大餘五十四〔索隱〕歲十二月六大六小合三百五十四日以六除之五六三十除三百日餘五十四日故下云大餘者日也〔正義〕月朔旦甲子日法也

小餘三百四十八〔索隱〕太初歷法一月之日二十九日九百四十分日之四百九十九每兩月合成五十九日又餘五十八分合十二月合餘六箇五十八得此三百四十八數故云小餘者月也〔正義〕未滿日之分數也其分每滿九百四十則成一日即歸止成五十日與大餘五十四日每歲除小月六日則成三百五十四日除五甲三百日猶餘五十四日爲未滿六十日故稱大餘五十四小餘三百四十八者其大數五十

四之外更餘分三百四十八故稱小餘三百四十八也此大小餘是月朔甲子日朔以弃閏月之數一歲則有三百五十四日三百四十八分每六十日乞餘為未滿六十日故有大小餘也是太初元年尚有奇分也

大餘五【索隱】周天三百六十五度四分度之一日行一度去歲十一月朔在牽牛初為冬至今歲十一月十一日又至牛初為一周以六甲除之六六三十六除三百六十餘五故云大餘五也【正義】冬至甲子日法

小餘八【索隱】即四分之一小餘滿三十二從大餘一四八三十二故云小餘八明年得十六故下云小餘十六又明年又加八得二十四故下云小餘二十四又明年加八得三十二滿故下云無小餘並可依太初歷法行之也【正義】未滿日之分數也其分每滿三十二則成一日即歸大餘矣大餘五者每歲三百六十五日除六甲三百六十日猶餘五日故稱大餘五日也小餘八者每歲三百六十五日四分日之一則一日三十二分是一歲三百六十五日八分故稱小餘是冬至甲子日法[illegible]除之為未滿六十日故有大小餘也此是太初元年冬至日[illegible]也

史記卷二十六考證

歷書正閏餘正義一月之日二十九日八十一分日之四十三○監本誤作四十八今改正　又小月六月○監本誤作小月大月今改正　其更以七年為太初元年○　臣照按武帝太初元年歲在丁丑非甲寅也此云年名焉逢攝提格月名畢聚日得甲子夜半朔旦冬至者蓋著太初歷術之元非是年為甲寅年甲寅月十一月甲子朔旦冬至也況年為甲寅月則為丙寅必不得為畢聚也司馬貞輩不明歷法故紛紛聚訟耳又按歷術甲子篇第一章蓋後人因上文焉逢至冬至二十一字引而不發難以推步故續此一篇于後以申其義非遷本書也後復有焉逢攝提格太初元年以至末祝犂大荒落建始四年則又後人推衍而續增之已不知太初元年甲寅之為托始而直以為武帝太初元年為甲寅矣故所紀甲子無一不悞如建始四年[illegible]為己巳也其文既叙至成帝建始四年則非馬遷本文不待辨矣竊恐尚非褚少孫之筆又按歲在焉逢攝提格甲寅今也月在畢聚甲寅月也甲寅年則正月為丙寅甲寅月則歲為壬癸今日歲在甲寅月在甲寅日得甲子者謂甲寅歲之前十一月朔甲子正月建丙寅之十一月則亦甲子也歷從夏時則日月在畢聚歷從周正則日歲在焉逢攝提格蓋夏時周正皆所以敬授人時而歷元必從冬至起則一也元必始甲無始壬癸之理則文必如是乃明也是故不特武帝太初元年非歲在甲寅亘古固無甲寅年之甲寅月也

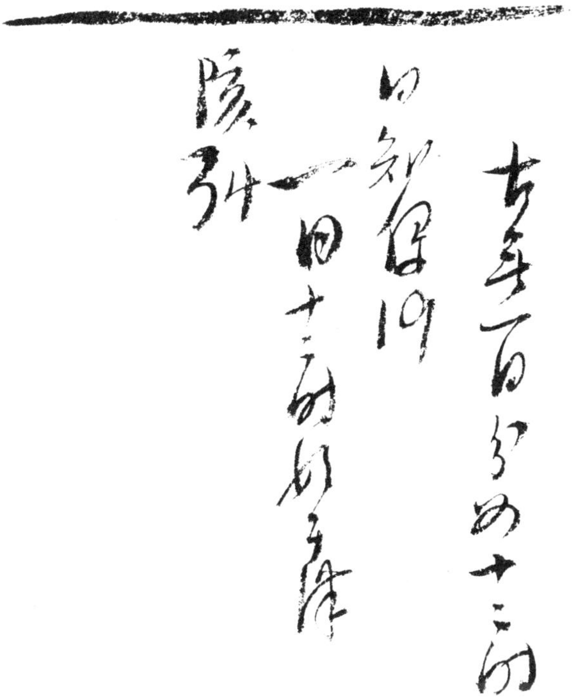

二 曆

附論 周秦改正朔時日項辨

曆

告朔視朔

○閏月不告月猶朝于廟禮天子以十二月朔政班告于諸侯諸侯受於禰廟孝子尊事先君不敢自專也言朝者緣生以事死親存朝朝莫夕不敢泄鬼神故事畢處月始而朝之○猶朝直遙反注及下同朝朝上如字下直遙反莫音暮泄息列反疏注禮天子至朝之○釋曰周禮太史班告朔于邦國鄭玄云天子班朔於諸侯諸侯藏之祖廟至朔日朝於廟告而受行之論語云子貢欲去告朔之餼羊是告朔用特羊告廟鄭云祖廟范言禰廟者以无正文各以意說或祖或禰通言之耳何休亦云藏於祖廟使大夫南面奉天子命君北面而受之是亦受政之事也凡告朔之禮因聽視此月之政故謂之視朔謂之聽朔也其朝廟之禮孝子緣生以事死因告朔在廟故感月始而亦享祭宗廟故亦謂之朝享其歲首謂之朝正也據玉藻及祭法之文則天子聽朔於明堂朝享自祖考以下五廟諸侯則聽朔於大廟朝享自皇考以下三廟也公羊傳稱閏月曷為不告朔天无是月也閏月矣何以謂之天无是月非常月也此傳云閏月者附月之餘日也天子不以告朔而喪事不數公羊穀梁皆以為閏月不告朔左氏傳云不告閏朔棄時政也何以為民主則閏月當告朔與二傳異也案哀五年閏月葬齊景公公羊傳意以為并閏此傳云喪事不數也者閏月不告朔二傳雖同其於喪事數與不數其意又異也范氏別例云書不告朔有三皆所以示譏耳則此文一也公四不視朔二也襄二十九年公在楚三也公既在楚則是不告朔故亦以為一注又云不敢泄鬼神解生則朝朝莫夕死則每月始朝之意也不告月者何也不告朔也不告朔則何為不言朔也閏月者附月之餘日也積分而成於月者也一歲三百六十日餘六日又有小月六積五歲得六十日而再閏積衆月之餘分以成此月疏注一歲至此月○釋曰古今為麻者皆云周天有三百六十五度四分度之一日之行天一日一夜行一度故謂一度為一日一歲十二月唯有三百六十日是餘五日四分日之一也又月一大一小則一年之間又有六日并言之則一歲有十二日故積五歲得六十日此皆大率而言其實一年不得有十二日范不如麻法細計之故云五歲得六十日也天子不以告朔而喪事不數也閏是叢殘之數非月之正故吉凶大事皆不用也不數所右也○叢徂洪反猶之為言可以已也郊然後三望告朔然後朝廟俱言猶義相類也既廢其大而行其細故譏之疏猶之至已也○釋曰重發傳者前為三望發此是朝廟嫌異故重明之范例猶有五等發傳者三僖三十一年猶三望獨發傳者据始也宣三年不發傳者從例也成七年亦不發傳者亦為從例可知也此年發傳者朝與三望異也宣八年發傳者嫌仲遂有罪得不廢禮又繹祭與朝廟禮異故也

於其中聽政於路寢門終月故於

穀 文六

周

公四不視朔天子告朔于諸侯諸侯受乎禰廟禮也每月天子以朔政班于諸侯諸侯受而納之禰廟告廟以羊今公自二月不視朔至于五月是後視朔之禮遂廢故子貢欲去其羊○去起呂反疏注每月至其羊○釋曰三朝記云周衰天子不班朔于天下此云班朔者彼據周末全不能班之此時尚或班或不班故下傳云以公爲厭政以甚矣范云天子班朔而公不視是也知是二月不視朔至五月者以經書五月公四不視朔若從五月以後數之則公或視或不視何得預言四不視朔知從二月至五月爲四也又云是後視朔之禮遂廢而經直云公四不視朔者左氏以爲此獨書公四不視朔者以表公實有疾非詐齊也公羊爲此公有疾猶可言無疾則不可言穀梁文雖不明蓋從此一譏之惡足見其餘不復譏也公四不視朔公不臣也以公爲厭政以甚矣天子班朔而公不視是不臣○厭於豔反○六月戊辰公子遂及齊侯盟于師丘師丘齊地○師丘左氏作鄭丘公羊作犀丘復行父之盟也晉齊侯不與行父盟故復使遂脩之○復行扶又反又音服注復使及下注而復皆同

○夏五月

[illegible]

於其中聽政於路寢門終月故於文王在門爲閏云魯自文公始不視朔[illegible]

子貢欲去告朔之餼羊鄭曰牲生曰餼禮人君每月告朔於廟有祭謂之朝享魯自文公始不視朔子貢見其禮廢故欲去其羊子曰賜也爾愛其羊我愛其禮包曰羊存猶以識其禮羊亡禮遂廢

疏子貢至其禮。正義曰此章言孔子不欲廢禮也子貢欲去告朔之餼羊者牲生曰餼禮人君每月告朔於廟因有祭謂之朝享魯自文公怠於政禮始不視朔廢朝享之祭有司仍供備其羊子貢見其禮廢故欲并去其羊也子曰賜也爾愛其羊我愛其禮者此孔子不許子貢之欲去羊故呼其名而謂之曰賜也爾以爲既廢其禮虛費其羊故欲去之是愛其羊也我以爲羊存猶以識其禮羊亡禮遂廢所以不去其羊欲使後世見此告朔之羊知有告朔之禮庶或復行之是愛其禮也。注鄭曰至其羊。正義曰云牲生曰餼者僖三十三年左傳曰餼牽竭矣餼與牽相對牽是牲可牽行則餼是已殺殺又非熟故解者以爲腥曰餼謂生肉未煮者也其實餼亦是生哀二十四年左傳云晉師乃還餼臧石牛是以生牛賜之也此及聘禮注皆云牲生曰餼由不與牽相對故爲生也云禮人君每月告朔於廟有祭謂之朝享者案周禮大史頒告朔于邦國鄭玄云天子頒朔于諸侯諸侯藏之祖廟至朔朝于廟告而受行之此云子貢欲去告朔之餼羊是用生羊告於廟謂之告朔人君即以此日聽視此朔之政謂之視朔文十六年公四不視朔僖五年傳曰公既視朔是也視朔者聽治此月之政亦謂之聽朔玉藻云天子聽朔于南門之外是也其日又以禮祭於宗廟謂之朝廟周禮謂之朝享司尊彝云追享朝享是也其歲首爲之則謂之朝正襄二十九年正月公在楚傳曰釋不朝正於廟是也告朔視朔聽朔朝廟朝享朝正二禮各有三名同日而爲之也必於月朔爲此告朔聽朔之禮者杜預春秋釋例曰人君者設官分職以爲民極遠細事以全委任之責縱諸下以盡知力之用總成敗以效能否執八柄以明誅賞故自非機事皆委任焉誠信足以相感事實盡而不擁故受位居職者思孝忠善日夜自進而無所顧忌也天下之細事無數一日二日萬端人君之明有所不照人君之力有所不堪則不得不借問近習有時而用之如此則六鄉六遂之長雖躬履此事躬造此官當皆移聽於內官回心於左右政之粃亂常必由此聖人知其不可故簡其節敬其事因月朔朝廟遷坐正位會羣吏而聽大政考其所行而決其煩疑非徒議將然也乃所以考已然又惡其審聽之亂公也故顯眾以斷之是以上下交泰官人以理萬民以察天下以治也每月之朔必朝於廟因聽政事事敬而禮成以故告特羊然則朝廟朝正告朔視朔皆同日之事所從言異耳是言聽朔朝廟之義也玉藻說天子朝廟之禮云聽朔於南門之外諸侯皮弁聽朔於太廟鄭玄以爲明堂在國之陽南門之外謂明堂也諸侯告朔以特羊則天子以特牛與天子用特牛告其帝及其神配以文王武王諸侯用特羊告太祖而已杜預以明堂與祖廟爲一但明堂是祭天之處天子告朔雖杜之義亦應告人帝朝享即月祭是也祭法云王立七廟祖廟曰考廟王考廟皇考廟顯考廟皆月祭之二祧享嘗乃止諸侯立五廟曰考廟王考廟皇考廟皆月祭之顯考廟祖考廟享嘗乃止然則天子告朔於明堂朝享於五廟諸侯告朔於太廟朝享自皇考以下三廟耳皆先告朔後朝廟朝廟小於告朔文公廢其大而行其小故春秋文公六年經云閏月不告朔猶朝于廟公羊傳曰猶者可止之辭也天子玄冕以視朔皮弁以日視朝諸侯皮弁以聽朔朝服以日視朝其閏月則聽朔於明堂闔門左扉立於其中聽政於路寢門終月故於文王在門爲閏云魯自文公始不視朔者即文六年閏月不告朔是也

八佾

祝鄉

秦閏月不告朔

告朔　視朔　聽朔

即月朔

告月朝廟　朔奠之　正歲首告朔朝正

子故怨惠公十一月左公子洩右公子職立公子黔牟惠公奔齊

經十有七年春正月丙辰公會齊侯紀侯盟于黃○二月丙午公會邾儀父盟于趡○夏五月丙午及齊師戰于奚○六月丁丑蔡侯封人卒○秋八月蔡季自陳歸于蔡○癸巳葬蔡桓侯○及宋人衛人伐邾○冬十月朔日有食之

傳十七年春盟于黃平齊紀且謀衛故也○及邾儀父盟于趡尋蔑之盟也○夏及齊師戰于奚疆事也於是齊人侵魯疆疆吏來告公曰疆場之事慎守其一而備其不虞姑盡所備焉事至而戰又何謁焉○蔡桓侯卒蔡人召蔡季于陳○秋蔡季自陳歸于蔡蔡人嘉之也○伐邾宋志也○冬十月朔日有食之不書日官失之也天子有日官諸侯有日御日官居卿以底日禮也日御不失日以授百官于朝○初鄭伯將以高渠彌爲卿昭公惡之固諫不聽昭公立懼其殺己也辛卯弒昭公而立公子亹君子謂昭公知所惡矣公子達曰高伯其爲戮乎復惡已甚矣

經十有八年春王正月公會齊侯于濼○公與夫人姜氏遂如齊○夏四月丙子公薨于齊丁酉公之喪至自齊○秋七月○冬十有二月己丑葬我君桓公

曆

史記天官書 夫天運三十歲一小變百年中變五百載大變三大變一紀三紀而大備此其大數也為國者必貴三五上下各千歲然後天人之際續備

曆

劉歆曆為數以天為主故同共立壽因仍乎
為陰陽之災以天學命法改正稱學術
一歲之一步未多秘法終達見其用而已為民之視
蓋可由大衍反六一代之事以錢閏至終[illegible]
而從此無術以垂之後數術數於民時之宜尊
獨向不可為焉
秋志之學陰訛　黃帝之　高年不復何能及十三日[illegible]

正步吳人作僞以殷以十二月朔為正高陽後國皆以

十月朔為正

喜宋何承天祖沖之等、更損前人歲餘之數 元至元間 郭守敬專更取南北朝宋孝武帝大明六年壬寅歲實測冬至日時 直至至元十八年戊寅歲冬至日時 其間相距八百一十六年間所積日時之數 以相距八百一十六年除之 得歲周三百六十五日二四二五、越二百有四年而泰西始採用此數、再越一百三十年 而中華民國始採用此數、又越十八年而民國乃專用此數 數典不忘其祖 禮失而求諸野、吾人於歡迎新曆恭送舊曆之餘 既知新者舊者迎者送者悉是老字號人中華國貨、益覺我國之可愛 而我國舊有文化之可寶

三 新曆舊曆與歲 我國文化與歲 (第一篇完

十六年

[illegible]南陽假守騰初令男

花生

於皇紀一以附表紀述

壇子三三初志閏月

[redacted]曆法

一　鄭康成依據緯候以正朔三而改，自古皆相變，知殷周以前自古皆用建寅，而云推殷革夏命而用建丑，周革殷命而用建子。杜無所說，未知所從。

定元年春王正月疏

[redacted]

孔子正夏時學者多傳夏小正云

史記夏本紀贊

曆法

「從旦至旦爲期」

左昭廿三「叔孫旦而立期焉」注「立待命也從旦至旦爲期」釋文「期本又作朞同」　校勘記「古者年之帀月之帀日之帀皆曰期而月之帀僅見此」

厤

周官用夏正

內宰上春詔后帥外內命婦始蠶于北郊 周正

今十一月

凌人歲十有二月令斬冰 周正十月

周官言上春中春季春正以周夏正也

曆

「三王之郊一用夏正」
郊特牲郊之祭也迎長日之至也注疏」此
易緯乾鑿度文、、、彼文云云此之時
天地交萬物通所以順四時法天地之
道」

公穀閏月不告朔左氏書告朔

異義　玉藻則闔門左扉疏引

曆法

夕之日夕月

育流　共蒿說文自立一冊　從房之十一月至房之
二月皆以數配月而言之　從房之四月至於十月
皆以數配月而稱之　惟房之三月特異常例

曆

春秋正月

公羊隱三年解詁二月殷之正月三月夏之正

月

曆

舜禹亦改朔

見白虎通義論改朔之義魏韋昭謂湯武乃改朔見疏證卷八

哀帝十月至月甘露後追改（正）（漢書八下）

武帝改曆在太初元見紀

漏刻以百二十為度　本百度見哀紀（漢十一上）蕭望之（九九上18上）

「晝夜日十九歲乃一章，一統凡千一章」（漢書律曆志注（廿一上20上））

[redacted]

劉歆考定律曆著三統曆譜　楚元王傳（卅六16上）

[redacted]

為曆說沈猶（漢四六卅十20上）

曆

縣邑建鼓以召集號令佃用　漢書並傳注（七下）

漢人仰見千年紀日時以為在此甲乙之日暴風之漆拔樹

折木也（八五下）

漢王莽傳「令天下小學戊子代甲子為六旬首　冠以戊子

為元日　昏以戊寅之旬為忌日　百姓多不從此」（漢九九中）

三萬六千歲曆（漢王莽傳　九九下　又下　六上）

[redacted]

齊策言月令國語所造而所據皆夏之時　見於書本傳（五五下）

鳥丸之俗識鳥獸孕乳[redacted]時節耕種常以布穀鳴為候　三國志本傳注引魏書

麟比（卅五）

「子之禽鼠，卯之獸兔也」論衡譏日（卅四）

曆法

候歲美惡之法（漢天文志 卅六外）

天運三十歲一小變百年中變五百年大變三大變一紀三紀而大備（漢天文志卅六止）

曆法

夏至爲長至，冬至爲短至。求古録禮説七禘祭辨

習甲子。晉書夏侯湛傳作抵疑，鄉曲之徒，一介之士，曾諷急就，

習甲子者。皆奮筆揚文，議制論道。

告朔非餼朔。求古録禮説十四告朔餼羊考

述楚漢春秋〔索隱〕（漢太中大夫楚人陸賈所撰記項氏與漢高祖初起及說惠文間事）接其後事訖于天漢〔索隱〕（武帝年號言太史公所記起至武帝天漢之年）其言秦漢詳矣至於采經摭傳〔索隱〕（按字書摭拾也音之赤反）分散數家之事甚多疏略或有抵捂〔索隱〕（抵音丁禮反捂音吾故反抵者觸也捂亦斜相抵觸之名按今屋梁上斜柱是也斜觸謂之捂下觸謂之抵抵捂言其參差也以言彼此二文同出一家而自相乖舛）亦其所涉獵者廣博貫穿經傳馳騁古今上下數千載間斯已勤矣〔正義〕（言作史記採經傳百家之事上下二千餘年此其甚勤於撰錄也）又其是非頗繆於聖人〔索隱〕（聖人謂周公孔子也言周孔之教皆宗儒尚德今太史公乃先黃老崇勢利是繆於聖人）〔正義〕（太史公史記各顯六家之宗黃老道家之宗六經儒家之首序游俠則退處士述貨殖則崇勢利處士賤貧原憲非病夫作史之體務涉多時有國之規備陳臧否天人地理成使該通而遷天縱之才述作無滯故異周孔之道班固詆之裴駰引序亦通人之蔽也而固作漢書與史記同者五十餘卷謹寫史記少加異者不弱卽劣何更非駁史記乃是後士妄非前賢又史記五十二萬六千五百言敘二千四百一十三年事漢書八十一萬言敘二百二十五年事司馬遷引父致意班固父脩而蔽之優劣可知矣）論大道則先黃老而後六經〔正義〕（大道者皆稟乎自然不可稱道也道在天地之前先天地生不名字之曰道黃帝老子遵崇斯道故太史公論大道須先黃老而後六經）序游俠則退處士而進姦雄〔索隱〕（游俠謂輕死重氣如荊軻豫讓之輩也游從也行也俠挾也持也言能相從游行挾持之事又曰同是非曰俠）〔正義〕（姦雄姦猾雄豪之人）述貨殖〔正義〕（殖生也言貨物滋生也）則崇勢利而羞賤貧〔正義〕（趨利之人）此其所

史記集解序

曆什

卅年行政院公布以二月五日

為農民節

曆

太陽最便計晝夜　稍久計月最便日星
不適也　温帶多四時　超帶少標準季
焉于達学易的見民仕六個月中只標準之季
則以六月乃一年矣
寒帶皆亦商適其地也以草木榮枯記
歲亦適其生活也

天文曆法氣象

天文曆法氣象提要

「天文曆法氣象」一包札録，内分「天文」「天文曆法」和「氣象（札）」三札。大部分是先生從《詩經》《左傳》《史記》《漢書》等史籍上摘出的資料，也有一些是讀《癸巳類稿》《書古微》《實事求是齋經義》《十三經詁答問》等書籍和報刊雜誌的筆記。

吕先生的札録，通常在天頭或紙角上標出分類名稱，如「天文」「曆法」「星」等，有些也寫題頭。札録的資料，或是節録史籍原文，再注明篇名卷第；未録史籍原文的，在題頭下也記録材料的出處。如第二〇五頁「懸土炭」注見《漢書·天文志》「廿六10上」（即卷二六第十頁正面），同頁「凡日食不以晦朔者曰薄」注見《漢書·五行志》「廿七下之下6下」（即卷二七下之下第六頁反面）。第二札中《晉書》《宋書》《陳書》《南史》等資料，節録時先生已做了比對，並用紅筆標出文字上的異同。

「天文曆法氣象」一包，有不少剪報資料，此次整理未予收録；札録的手稿部分，均按原樣影印刊出。

天文

曆家言天有九重（新古錄續說 八桉揆考）

北斗有九星之稱 同上 又招搖在上解 招搖非[redacted]揺光 同上 三光之星皆是五

星三辰之星皆是北斗 同上

信家譯天文書。同治十二年西一八七三年成

騶土炭。清書天文志與此同

「京房易傳曰凡日食不以晦朔者名曰薄」。清書五行志與此同

之下與此

「太史公掌天官於唐都」。清書司馬遷傳

天文

北方戴星　日時所以陰陽所生　地下天上猶有狀

論衡七
道虛

格学（天文）

天体气也、
[illegible]之言天大地小，星数家计之三百六
十五度有[illegible]
儒者之言日朝夕所中莫大所之所气海[illegible]所度不
見　蓋日經天而日長度不與
或日月及天運為東西天外下
儒者曰日月右行九道
或曰天左旋而下地方——天之所居盖
天如车轮，盖在地上
日蓋近西中近四、

儒者論日旦出扶桑暮入細柳 扶桑細柳天地之際日月所出入

儒者天左旋日月之行不繫于天各自旋轉

天日月行度

儒者曰日中有三足烏月中有兔蟾蜍

日出大 日中小

日食之理一總集各家說而證

儒者說日月之体皆至圓

禹貢山海經十日之說或說甲乙

伊尹傳者有堯之時十日

淮南說堯時十日 周盛

兼 蕭

星有光之行之積氣所以異光色

數家言日徑一千里

周不復天下一實在地

論衡十一談天篇不段　說日篇

天文

大火 大辰 伐 北辰

心天之最星乃從一宿

北極天之中而常居其所

冬有星孛于大辰孛者何彗星也三孛皆發問者或言入或言于或言方嫌爲孛異猶問錄之○星孛音佩彗息遂反又四歲反【疏】孛者何○解云欲言星名星名未有孛欲言非星錄爲星稱故執不知問○注三孛至錄之○解云言三孛皆發問者即文十四年秋七月有星孛入于北斗傳云孛者何彗星也其言入于北斗何北斗有中也何以書記異也哀十三年冬十有一月有星孛於東方傳云孛者何彗星也其言于東方何見于旦也何以書記異也并此三處皆言孛者何故言三孛皆發問也所以三處皆問之者正以文十四年經言入于北斗此經言于大辰哀十三年經言于東方三文甚異即嫌爲孛之不同是以處處猶發問而詳之故云或言入或言于或言方嫌爲孛異猶問錄之其言于大辰何據北斗言入于大辰非常名【疏】注據北斗言入于○解云正以此經不言入宜言于北據入而難之云大辰非常名者正以東方七宿皆謂之辰故曰大辰非七宿之常名而經舉之因以爲難也在大辰也大辰者何大火也大火謂心【疏】天辰者何解云正以大辰之名非一而已不知何者故執不知問○注大火謂心○解云左氏傳心爲大火是也而釋天云柳鶉火者正以柳在南方亦可爲出火之候故也不謂心星非大火然則爾雅不言心爲大火者文不備也大火爲大辰伐爲大辰伐謂參伐也大火與伐天所以示民時早晚天下所取正故謂之大辰辰時也○參所林反【疏】大火爲大辰○解云即釋天云大火謂之大辰李氏云大火蒼龍宿之心以候四時故曰大辰孫氏郭氏云大火心也在中最明故特名主焉是也○注伐謂參伐也○解云正以伐在參傍與參連體而六星故言伐謂參伐伐與參爲一候故也北辰亦爲大辰北辰北極天之中也常居其所迷惑不知東西者須視北辰以別心伐所在故加亦亦者兩相須之意○別彼列反【疏】注北辰北極○解云即釋天云北極謂之北辰李氏云北極天心居北方正四時謂之北辰孫氏郭氏曰北極天之中以正四時謂之北辰是也云天中也者以天而言之故也然則謂之極者取於居中之義矣而春秋說云北者高也極者藏也言大一之星高居深藏故北極也者與先儒說違其何氏兩解乎云常居其所者謂常居紫微宮所矣何以書記異也心者天子明堂布政之宮也爲孛彗者邪亂之氣掃故置新之象是後周分爲二天下兩主宋南里以亡○邪似嗟反【疏】注心者至之宮○解云春秋說文星經亦云云亦爲孛者亦如北斗爲彗所孛矣○注是後至以亡○解云言周分爲二天下兩主者謂敬王在成周王猛居王城故下二十二年秋劉子單子以王猛入于王城傳云王城者何西周也何氏云時居王城邑自號西周王經又言冬十月王子猛卒二十二年秋尹氏立王子朝然則王猛卒後子朝復篡恒與敬王處據栝故云周分爲二天下兩主也是以運斗樞云星孛賊起守大辰於五堂亂兵填門三王爭周以分是也然則彼有三王爭者通前後言之今此云周分爲二天下兩主者正以子猛子朝之篡是一也言宋南里以亡者即下二十一年夏宋華亥向寧華定自陳入宋南里以畔是也

昭六

天文

恒星列星也——地天之象

參見癖分——勉象何氏六書則崔氏通以

分野分天文之學造非矣

廿八宿七曜星列之

天文

巳日有食之何以書（諸言何以書者問主書。）疏 注諸言至主書。解云至此乃解之者正以有所据下言何以書者還言据彼難此之例故不得然解也即上二年傳云外逆女不書此何以書是也今此直言何以書上無所据則是問主書故如此解○記異也（異者非常可怪先事而至者是後衞州吁弒其君完諸侯初僭魯隱係獲公子翬進諂謀○殺其申志反下殺其君同翬許韋反諂勑檢反）疏 注是後衞至完○解云在四年春○注諸侯初僭○解云下五年秋初獻六羽傳云何以書譏何譏爾譏始僭諸公也始僭諸公昉於此乎前此矣前此則曷爲始乎此僭諸公猶可言也僭天子不可言也是也○注魯隱係獲者○解云即下六年春鄭人來輸平傳云狐壤之戰隱公獲焉是也○注公子至諂謀○解云下四年秋翬帥師及宋公以下伐鄭傳云公子翬諂乎隱公謂隱公曰百姓安子諸侯說子盍終爲君矣是也此等諸事皆是陰陽之象故取之日食

日食則曷爲或日或不日或言朔或不言朔曰某月某日朔日有食之者食正朔也（桓三年秋十月壬辰朔日有食之是也此象君行外彊內虛是故日月之行無遲疾食不失正朔也）疏 日食則曷爲或日者○解云即此是也或不日者莊十八年三月日有食之是也或言朔者桓三年秋七月壬辰朔日有食之是也○注此象君至朔也○解云外彊者謂外有威嚴其民臣望而畏之內虛者虛心以受物正得爲君之道故食不失正朔也祭義云虛中以治之鄭注云虛中言不兼念餘事是也

其或日或不日或失之前或失之後失之前者朔在前也（謂二日食巳巳日有食之是也此象君行暴急外見畏故日行疾月行遲過朔乃食失正朔於前也）失之後者朔在後也（謂晦日食莊公十八年三月日有食之是也此象君行懦弱見陵故日行遲月行疾未至朔而食失正朔於後也不言月食者其形不可得而覩也故疑言日有食之孔子曰多聞闕疑慎言其餘則寡尤不傳天下異者從王錄內可知也○懦乃亂反又乃卧反○）疏 注不傳至可知也○解云正以僖十四年沙鹿崩成五年梁山崩傳皆云何以書記異也外異不書此何以書爲天下記異也今無此傳故須解之也彼不從王內錄者以其皆在晉竟內故也

月食見食必朔 失之晦

特言日有食之 不言月食者不可覩

天文　字故

其日戊己戊之言茂也己之言起也日之行四時之間從黃道月爲之佐至此萬物皆枝葉茂盛其含秀者抑屈而起故因以爲日名焉

疏

其日戊己○正義曰雖處於夏末而實爲四行之主不可沒其生用之功故因亦爲日名也○注日之至之佐○正義曰按考靈耀春則星辰西遊謂星辰在黃道之西遊也日依常行在黃道之東至季春之月星辰入黃道復其正處日依黃道而行是春夏之間日從黃道夏則星辰北遊謂星辰在黃道之北遊也日依常行在黃道之南至季夏星辰入黃道復正位日依常行黃道至夏秋之間日從黃道也秋則星辰東遊謂星辰在黃道東遊日依常行在黃道之西至季秋星辰入黃道還復正位日依黃道而行至秋冬之間日從黃道也冬則星辰南遊謂星辰在黃道南遊日依常行在黃道之北至季冬星辰入黃道還正位日依常行黃道至冬春之間日從黃道也鄭注洪範云四時之間合於黃道也月之行逆與日同故云月爲之佐也

戊己　四時之間日從黃道

月佐

天文

畢七星主邊兵

○仲春行秋令則其國大水寒氣揔至酉之氣乘之也八月宿直昴畢畢好雨○好乎報反寇戎來征金氣動也畢又爲邊兵○行冬令則陽氣不勝麥乃不熟子之氣乘之也十一月爲大陰○大音泰民多相掠陰姦衆也行夏令則國乃大旱煖氣早來午之氣乘之也○煖乃緩反又音暄蟲螟爲害暑氣所生爲災害也○螟亡丁反又爾雅云食苗心螟○疏○其國至來征○正義曰其國大水則地災也寒氣揔至則天災也寇戎來征則人災也○注畢又爲邊兵○正義曰按元命包云畢七星十六度主邊兵○陽氣至相掠○正義曰陽氣不勝天災麥乃不熟地災民多相掠人災也○國乃爲害○正義曰國乃大旱煖氣早來天災蟲螟爲害地災行令失所人災之應故無其災也

十三經注疏　禮記十五　月令　九

仲春

仲春

文民

月生于西

癸巳年稿二

天文

古天文學

癸巳類稿一覽禮の

表校手上下　古文說

天文

鄭叔績庚虞天象璇璣玉衡圖

為方徽
作之下

讀

讀學義癸巳類稿之

星一星有生滅卷

熙橋題

星李藏

[illegible]古的長庚年考稿之[illegible]

癸巳歲稿二段

的長庚女書

歷法

古人有陽歷用陰歷之故

有若假閏
月定乃成
一歲歲勢

曆法

古曆不步五星，書步微二內右大
待四七政業

歷一

駁萬氏分野不系時說

呂

實事求是齋

經義一

曆法——正可改時不可改，節氣不可改，實事求是

齋偃蕃一戰前氏

寫到不象時說

歷史一周

官用夏正每一用周正者

實事求是齋僭

彭一暇翁氏寫

丞不系時說

曆一唯用夏正可言交伴李

讀一氏分野不分時說

實事求是齋

陳華懋一戩箋

歷運

古代紀事多用夏正不獨晉

義春秋不

有閏月說

曾秉求

屋齋陸

曆一

春秋不書閏月說

賁東求是齋

匯纂二

改歷討用周周之正十三歷證春間二詩同條

曆法一説經當采蓋天鄭專采緯義不步渾天蓋絶人之識

癸巳歲稿一定被の
表以校于上下方之説

歷代——中星鄒義癸巳類稿の

歷法

顓頊虞夏正朔用寅秦用亥唐殷丑周魯子

癸巳歲稿四月

今非周易論

歷代一 春秋書時月日食彙考類稿 四

曆法歸餘於終推閏於歲終三閏

癸巳存稿

天文

月星昏旦中星皆舉二十八宿唯仲春非

降婁｜降斂

斗星適天而轉一日一夜過轉一周而行一度

月令与尚书天昏中不同

附釋音禮記注疏卷之十五

月令　鄭氏注　孔穎達疏

仲春之月，日在奎，昏弧中，旦建星中。仲中也。仲春者，日月會於降婁，而斗建卯之辰也。弧在輿鬼南，建星在斗上。○奎，苦圭反。弧音胡。降，戶江反。【疏】仲春至星中。○正義曰：按三統厤云：二月節日在奎五度，昏井二十二度中，去日九十七度，旦斗五度中。春分日在婁四度，昏柳五度中，去日一百二度，旦斗十六度中。按元嘉厤，二月節日在壁一度，昏井十度中，旦箕四度中；春分日在奎七度，昏東井三十度中，旦斗四度中。餘月昏旦中星皆舉二十八宿，此昏云弧中，旦云建星中，儀非二十八宿者，以弧星近井，建星近斗，以井斗度多，其星體廣，不可的指昏旦之中，故舉弧建定其昏旦之中也。○注日月至之辰。○正義曰：從奎五度至胃六度，在

十三經注疏　禮記十五　月令　七

戌，總曰降婁。降，降也；婁，斂也。言萬物降落而收斂。而斗建卯之辰者，斗星隨天而轉，一日一夜過轉一周而行一度，故正月建寅，二月建卯也。云弧在輿鬼南，建星在斗上者，熊氏說云：石氏星經文。弧與建星非二十八宿，而昏明舉之者，由弧星近井，建星近斗，井有三十三度，斗有二十六度，其度既寬，若舉井、斗，不知何日的至井、斗之中，故舉弧星、建星也。然春分之時，日夜中，計春分昏中之星，去日九十一度。今日在奎五度，奎與鬼之初乃一百九度，所以不同者，鄭雖云弧在鬼南，其實仍當井之分域，故皇氏云：從奎第五度爲二月節，數至井第十五度，得九十一度，是弧星當井之十六度也。若從井星十六度至斗之初，一百七十二度，計昏中星與明中之星，春秋分時相去分天之半，應一百八十二度餘，但日入以後二刻半始昏，不盡二刻半爲明，昏明相去少晝五刻，一刻有三度半強，五刻有十七度餘，則昏之中星去明之中星一百六十五度餘，則建星不得在斗初，在斗十度也。此仲春之月昏弧中，按尚書云日中星鳥，不同者，如鄭康成之意，南方七宿總爲鳥星，井星則鳥星之分，故云星鳥，與此同也。按仲夏昏亢中，尚書云日永星火，不同者，按鄭荅孫顥云：星火非謂心星也，卯之三十度總爲大火，其曰大火之次，有星者，月令舉其月初，尚書總舉一月，故不同也。按仲秋之月昏牽牛中，尚書云宵中星虛，其仲冬之月云東壁中，尚書云日短星昴，不同者，亦是月令舉其初朔，尚書總舉一月之中，理亦不異。孔安國注尚書與此則別。尚書所舉星者，自取畢見之義，不謂南方之中、

天文（類學）

天地之前與天地之始

「道」與「太易」自然虛無之氣 無象不可以形狀 假名曰「道」與太易

道生一 一‖太初‖太始‖太素‖太極‖太一

一生二 二‖天地‖兩儀‖太一分而為天地

二生三 ‖天、地、人為三才

三生萬物

天形狀之說

- 蓋天——如蓋在上
- 渾天——如雞卵地在中天包外
- 宣夜
- 昕天——北高南下
- 穹天
- 安天

天是太空無邊無際的，但僅指諸星運轉處為天了

訛筭右轉　三百六十五日四分日之一而後復舊　日右行一周——
即以一日爲一度　故三百六十五度四分度之一爲天之周——
數——天周圍三百六十五度四分度之一——一度二九三二
里一四六一分之三四八周天一〇七一〇〇〇里　直徑三五七〇〇〇
里　此二十八宿周圍直徑之數
二十八宿之外上下東西各爲一五〇〇〇〇里是爲四遊之極——四表
四表之內三八七〇〇〇里——天之中央上下正半之處一九三五〇〇里——
地去天之數
地厚三〇〇〇〇里以上下遊各一五〇〇〇里
渾天能包地　但地中央正平　天則北高南下　南北極下高于地三六
度　南北極下上三六度　常見　隱不隱見——

南極去北極一二一度餘　過世計一八一度餘

赤道　南北中東春秋分　夏至　冬至　日道

天旁之四表之中　冬南夏北春西秋東　皆薄四表而止

地升降于天之中　冬至而下夏至而上——二至上下極地之厚

星辰與地俱右之極遊升降

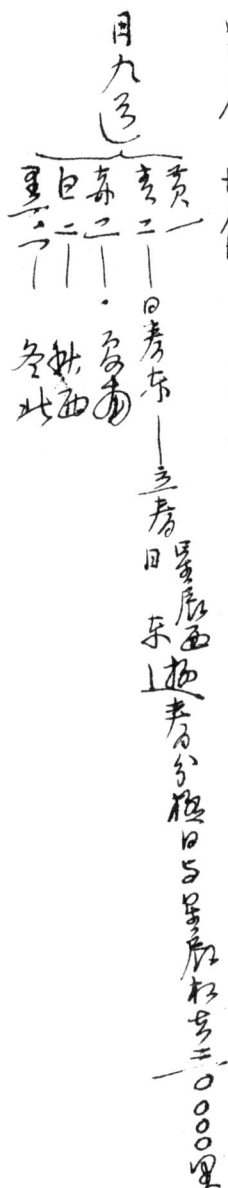

月九道
黃一
青二——日春東——立春日　東上　星辰西極遊　春分極　日與星辰相去三〇〇〇〇里
赤二——夏南
白二——秋西
黑二——冬北

度，星之日月之所躔舍之上

二十八宿 從東左 ‖ 逆行二十八宿
日 從西右 ‖

日●在東井 晝極長
在斗 晝極短 影最□
婁、角 平

二十八宿（及諸星）循天左行 一日一周天

日月五星 右行 日 一日一度 —— 一年三百六十五度周天四分度之一
月 一日十三度十九分度之七

月行遲速不同 二十七日周天 二十九日復追及日

月 ‖ 九四〇分
月 ‖ 二九日四九九分

日火 —— 外光
月水 —— 含景 —— 月光生於日所照，魄生於日所蔽 —— 月望陰當於無光

月 後體
如丸

二十八宿之度
五星
「天」「地」「日」「月」「星」「陰」「陽」諸字之義

月令者包天地陰陽之事然天地有上下之形陰陽有生成之理日月有運行之度星辰有次舍之常今既贊釋其文不得不略言其趣按老子云道生一一生二二生三三生萬物易云易有大極是生兩儀禮運云禮必本於大一分而爲天地易乾鑿度云大極者未見其氣大初者氣之始大始者形之始大素者質之始此四者同論天地之前及天地之始老子云道生一道與大易自然虛無之氣無象不可以形求不可以類取強名曰道強謂之大易也道生一者一則混元之氣與大初大始大素同又與易之大極禮之大一其義不殊皆爲氣形之始也一生二者謂混元之氣分爲二二則天地也與易之兩儀又與禮之大一分而爲天地同也二生三者謂參之以人爲三才也三生萬物者謂天地人既定萬物備生其間分爲天地說有多家形狀之殊凡有六等一曰蓋天文見周髀如蓋在上二曰渾天形如彈丸地在其中天包其外猶如雞卵白之繞黃揚雄桓譚張衡蔡邕陸績王肅鄭玄之徒並所依用三曰宣夜舊說云殷代之制其形體事義無所出以言之四曰昕天昕讀爲軒言天北高南下若車之軒是吳時姚信所說五曰穹天云穹隆在上虞氏所說不知其名也六曰安天是晉時虞喜所論注考靈耀用渾天之法今禮記是鄭氏所注當用鄭義以渾天爲說按鄭注考靈耀云天者純陽清明無形聖人則之制璿璣玉衡以度其象如鄭此言則天是大虛本無形體但指諸星運轉以爲天耳但諸星之轉從東而西必三百六十五日四分日之一星復舊處星既左轉日則右行亦三百六十五日四分日之一至舊星之處即以一日之行而爲一度計二十八宿一周天凡三百六十五度四分度之一是天之一周之數也天如彈丸圍圜三百六十五度四分度之一按考靈耀云一度二千九百三十二里千四百六十一分里之三百四十八周天百七萬一千里者是天圓周之里數也以圍三徑一言之則直徑三十五萬七千里此爲二十八宿周回直徑之數也然二十八宿之外上下東西各有萬五千里是爲四遊之極謂之四表據四表之內并星宿內總有三十八萬七千里然則天之中央上下正半之處則一十九萬三千五百里地在其中是地去天之數也鄭注考靈耀云地蓋厚三萬里春分之時地正當中自此地漸漸而下至夏至之時地下遊萬五千里地之上畔與天中平夏至之後地漸漸向上至秋分地正當天之中央自此地漸漸而上至冬至上遊萬五千里地之下畔與天中平自冬至後地漸漸而下此是地之升降於三萬里之中但渾天之體雖繞於地地則中央正平天則北高南下北極高於地三十六度南極下於地三十六度然則北極之下三十六度常見不沒南極之上三十六度常沒不見南極去北極一百二十一度餘若逐曲計之則一百八十一度餘若以南北中半言之謂之赤道去南極九十一度餘去北極亦九十一度餘此是春秋分之日道也赤道之北二十四度爲夏至之日道去北極六十七度也赤道之南二十四度爲冬至之日道去南極亦六十七度地有升降星辰有四遊又鄭注考靈耀云天旁行四表之中冬南夏北春西秋東皆薄四表而止地亦升降於天之中冬至而下夏至而上二至上下蓋極地厚也地與星辰俱有四遊升降四遊者自立春地與星辰西遊春分西遊之極

地雖西極升降正中從此漸漸而東至春末復正自立夏之後北遊夏至北遊之極地則升降極下至夏季復正立秋之後東遊秋分東遊之極地則升降正中至秋季復正立冬之後南遊冬至南遊之極地則升降極上冬季復正此是地及星辰四遊之義也星辰亦隨地升降故鄭注考靈耀云夏日道上與四表平下去東井十二度爲三萬里則是夏至之日上極萬五千里星辰下極萬五千里故夏至之日下至東井三萬里也日有九道故考靈耀云萬世不失九道謀鄭注引河圖帝覽嬉云黃道一青道二出黃道東赤道二出黃道南白道二出黃道西黑道二出黃道北日春東從青道夏南從赤道秋西從白道冬北從黑道立春星辰西遊日則東遊春分星辰西遊之極日東遊之極日與星辰相去三萬里夏則星辰北遊日則南遊夏至星辰北遊之極日南遊之極日與星辰相去三萬里以此推之秋冬放此可知計夏至之日日在井星正當嵩高之上以其南遊之極故在嵩高之南萬五千里所以夏至有尺五寸之景也於時日又上極星辰下極故日下去東井三萬里也然鄭四遊之極元出周髀之文但日與星辰四遊相反春分日在婁則婁星極西日體在婁星之東去婁三萬里以度言之十二度也則日沒之時去昬中之星近校十度旦時日極於東去旦中之星遠校十度若秋分日在角則角星極東日體在角星之西去角三萬里則日沒之時去昬中之星遠校十度旦時日極於西去旦中之星近校十度此皆厤乖違於數不合鄭無指解其事有疑但禮是鄭學故具言之耳賢者裁焉但二十八宿從東而左行日從西而右行一度逆沿二十八宿按漢書律厤志云冬至之時日在牽牛初度春分之時日在婁四度夏至之時日在東井三十一度秋分之時日在角十度若日在東井則晝極長八尺之表尺五寸之景若春分在婁秋分在角晝夜等八尺之表七尺五寸之景冬至日在斗則晝極短八尺之表一丈三尺之景一丈三尺之中去其一尺五寸則餘有一丈一尺五寸之景是冬夏往來之景也凡於地千里而差一寸則夏至去冬至體漸南漸下相去一十萬五千里又考靈耀云正日假上八萬里假下一十萬四十里所以有假上假下者鄭注考靈耀之意以天去地十五萬三千五百里正月雨水之時日在上假於天八萬里下至地一十一萬三千五百里夏至之時日上極與天表平也後日漸向下故鄭注考靈耀云夏至日與表平冬至之時日下至於地八萬里上至於天十一萬三千五百里也委曲俱見考靈耀注凡二十八宿及諸星皆循天左行一日一夜一周天一周天之外更行一度計一年三百六十五周天四分度之一日月五星則右行日一日一度月一日一十三度十九分度之七此相通之數也今厤象之說則月一日至於四日行最疾日行十四度餘自五日至八日行次疾日行十三度餘自九日至十九日行則遲日行十二度餘自二十日至二十三日又小疾日行十三度餘自二十四日至於晦行又最疾日行一十四度餘此是月行之大率也二十七日月行一周天至二十九日強半月及於日與日相會乃爲一月故考靈耀云九百四十分爲一日二十九日與四百九十九分爲月是一月二十九日之外至第三十日分至四百九十九分月及於日計九百四十分則四百七十爲半今四百九十九分是過半二十九分也但月是陰精日爲陽精故周髀云日猶火月猶水火則外光水則含景故月光生於日所照魄生於日所蔽當日則光盈就日則明盡京房云月與星辰陰者也有形無光日照之乃有光先師以爲日似彈丸月似鏡體或以爲月亦似彈丸日照處則明不照處則闇按律厤志云二十八宿之度角一十二度亢九氐十五房五心五尾十八箕十一東方七十五度斗二十六牛八女十二虛十危十七營室十六壁九北方九十八度奎十六婁十二胃十四昴十一畢十六觜二參九西方八十度井三十三鬼四柳十五星七張十八翼十八軫十七南方一百一十二度丑爲星紀初斗十二度終婺女七度子爲玄枵初婺女八度終於危十五度亥爲娵訾初危十六度終於奎四度戌爲降婁初奎五度終於胃六度酉爲大梁初胃七度終於畢十一度申爲實沈初畢十二度終於井十五度未爲鶉首初井十六度終於柳八度午爲鶉火初柳九度終於張十六度巳爲鶉尾初張十八度終於軫十一度辰爲壽星初軫十二度終於氐四度卯爲大火初氐五度終於尾九度寅爲析木初尾十度終於斗十一度五星者東方歲星南方熒惑西方太白北方辰星中央鎮星其行之遲速俱在律厤志不

更煩說春秋說題辭云天之爲言顛也說文云天顛也劉熙釋名云天顯也又云坦也地底也其體底下載萬物又云地諦
也五土所生莫不信諦元命包云日之爲言實也月闕也劉熙釋名云日實也大明盛實月闕也滿則缺也說題辭云星
精陽之榮也陽精爲日日分爲星故其字日下生也釋名云星散也布散於天又云陰蔭也氣在內奧蔭也陽揚也陽氣
在外發揚此等是天地陰陽日月之名也祭法黃帝正名百物其名蓋黃帝而有也或後人更有增足其天高地下日盈
月闕觜星度少井斗度多日月右行星辰左轉四遊升降之差二儀運動之法非由人事所作皆是
造化自然先儒因其自然遂以人事爲義或據理是實或構虛不經既無正文可憑今皆畧而不録

天文（歷法）（性信）

日月之行一歲十二會因其會而分之以爲十二次焉 日行遲月行疾追及

而會 所會之名又謂之辰 每辰三十度 42/96

觀斗所建以命四時 春種稷 秋麥 夏黍 冬入山刊伐具器械

凡記載的中星皆爲令民南面而嚮天下觀時候以授民事

秦以十月爲歲首是其事 亦不用秦正而用夏時——周禮

祀田獵亦用夏正

歷術之事不可正 依歷術須經十餘年——中星亦然

孟春非歷法之

十二月日之所在爲一歲 每月初皆據大歲而細與歷術同

孟春之月日在營室昏參中旦尾中
孟長也日月之行一歲十二會聖王因其會而分之以爲大數焉觀斗
所建命其四時此云孟春者日月會於諏訾而斗建寅之辰也凡記昏
明中星者爲人君南面而聽天下視時候以授民事○參所林反中如字徐丁仲
反後放此長丁丈反諏足俱反又足侯反本又作娵同訾子斯反爲人于僞反
疏
孟春至尾中○正義曰此言孟春
者夏正建寅之月也呂不韋在於
秦世秦以十月爲歲首不用秦正而用夏時者以夏數得天正故用之也周禮雖以建子爲正其祭祀田獵亦用夏正也
日在營室者按三統厤立春日在危十六度正月中日在室十四度元嘉厤立春日在危三度正月中日在室一度○昏
參中者按三統厤立春昏畢十度中去日八十九度正月中昏井二度中去日九十三度元嘉厤立春昏昴九度中月半
昏觜觿一度中皆不昏參中者月令昏明中星皆大略而言不與厤正同但有一月之內有中者即得載之計正月昏參
中依三統厤在立春之後六日參星初度昏得中也但二十八宿其星體有廣狹相去遠近或月節月中之日昏明之時
前星以過於午後星未至正南又星有明暗見有早晚明者昏早見而旦晚沒暗者則昏晚見而旦早沒所以昏明之星
不可正依厤法但舉大略耳餘月昏明從此可知○注孟長至民事○正義曰禮緯謂庶長稱孟故云孟長也若於人言
之庶謂孟若於物言之直謂長也不取庶長之義先儒以孟春亦謂之庶長按尚書康誥云孟侯書傳天子之子十八稱
孟侯並皆稱孟豈亦庶長乎先儒以孟春稱庶長者非也云日月之行一歲十二會者日行遲一月行二十九度半餘月
行疾一月行天一帀三百六十五度四分度之一過帀更行二十九度半餘逐及於日而與日會所會之處謂之爲辰鄭
注周禮大師職云十一月辰在星紀十二月辰在玄枵正月辰在娵訾二月辰在降婁三月辰在大梁四月辰在實沈五
月辰在鶉首六月辰在鶉火七月辰在鶉尾八月辰在壽星九月辰在大火十月辰在析木此是一歲十二會也云聖王

斗建
子丑、、、之義
东南西北之义
春為斗首之義

因其會而分之以爲大數焉者聖王因其日月自然之會而分爲十二分以爲大略之數焉所以爲大略之數者以二十九日過半月及於日月不可分兩月各有二十九日又兩月各有強半之日合兩半而成一日是一月有三十日一月二十九日一大一小之外仍有餘分一年十二月六大六小摠有三百五十四日是歲十二會之實數也僅少十一日四分日之一未得周天聖王摠以三百六十五日四分日之一爲十二會之大數一會即一辰也是一辰有三十度十二辰摠有三百六十度餘有五度四分度之一度別爲九十六分摠五度有四百八十分又四分度之一爲二十四分并之爲五百四分十二辰分之各得四十二分則是每辰有三十度九十六分度之四十二計之日月實行一會唯二十九分過半若通均一歲會數則每會有三十度九十六分度之四十二是以分之爲大數也此云孟春者日月會於娵訾而斗建寅之辰者娵訾是亥次之號立春之時日在危十六度月半雨水之時日在營室十四度營室號娵訾但星次西流日行東轉東西相逆若月初之時則日在星分之初月半之時則在星分之半月終之時在星分之末凡十二月日之所在或舉月初或舉月末皆據其大略不細與厤數齊同其昏明中星亦皆如此斗謂北斗循天而轉行建一月一辰辰三十度九十六分度之四十二正月建寅二月建卯三月建辰四月建巳五月建午六月建未七月建申八月建酉九月建戌十月建亥十一月建子十二月建丑也其十二辰之名按律厤志云孳萌於子則子孳也又云紐牙於丑則丑紐也又云引達於寅則寅引也又云冒茆於卯則卯冒也又云振美於辰則辰振也又云巳盛於巳則巳巳也又云萼布於午則午萼也又云昧薆於未則未昧也又云申堅於申則申堅也又云留孰於酉則酉留也又云畢入於戌則戌畢也又云該閡於亥則亥該也律厤志又云北伏也陽氣伏於下於時爲冬冬終也萬物終藏南任也陽氣任養萬物於時爲夏夏假也假大也西遷也陰氣遷落萬物於時爲秋秋者揫也物揫斂也東者動也陽氣動物於時爲春春蠢也物蠢生也云凡記昏明中星者爲人君南面而聽天下視時候授民事者按書緯考靈耀云主春者鳥星昏中可以種稷主夏者心星昏中可以種黍主秋者虛星昏中可以種麥主冬者昴星昏中則入山可以斬伐具器械王者南面而坐視四星之中者而知民之緩急急則不賦力役故敬授

民時是觀時候授民事也

月令

天文(曆)(法)

其日甲乙乙之言軋也日之行春東從青道發生萬物月爲之佐時萬物皆解孚甲自抽軋而出因以爲日名焉乙不爲月名者君統臣功也○軋乙入反孚音敷

疏其日甲乙○正義曰其當孟春仲春季春之時日之生養之功謂爲甲乙○注乙之至功也○正義曰乙軋聲相近故云乙之言軋也云日之行春東從青道者以星辰之文謂之黃道春時星辰西遊黃道近西黃道之東謂之青道日體不移依舊而行當青道之上故云東從青道云月爲之佐者以日月皆經天而行月亦從青道陰佐於陽故云月爲之佐知月亦從青道者以緯云月行九道九道者並與日同而青道二黃道東赤道二黃道南白道二黃道西黑道二黃道北并黃道而爲九道也並與日同也云萬物皆解孚甲自抽軋而出因以爲日名焉者以日能生養萬物萬物皆抽軋而生因其抽軋以爲日功之名也孚甲在前抽軋在後則應孟春爲甲季春爲乙今三春揔云甲乙者孚甲抽軋相去不遠早生者即孟春孚甲而抽軋也晚生者即季春孚甲而抽軋也律麻志云出甲於甲則甲是孚甲也又云奮軋於乙則乙軋也又云明炳於丙則丙炳也又云大成於丁則丁成也又云豐茂於戊則戊茂也又云理紀於己則己理也理謂正紀綱也又云改更於庚則庚更也謂物改更也又云悉新於辛則辛新也又云懷任於壬則壬任也又云陳揆於癸則癸揆也謂物之陳列可揆度也云乙不爲月名者君統臣功也者月既佐日同有甲乙之功今獨以甲乙爲日名不以乙爲月名故云君統臣功君謂日也日統領月之功猶若君統領臣之功以爲己功俗本云君統臣功定本云君統功無臣字義俱通也

十三經注疏　禮記十四　月令　二

孟書

甲乙……何爲日名不爲月名乎

月以九道与日同

甲……癸之義

天文

天河

古者謂天有漢，漢時乃有謂之河者，少見而無

劉歆 正義引河圖括地象云河精上為天漢 楊

泉物理論云星者元氣之英漢水之精也氣發

而著精華浮上宛轉隨流名曰天河一曰雲漢衆

批云倬彼雲漢見大雅 此在天曰銀漢 者少見而無

此務後者少見而無惡所也

天文

迴風

習習谷風維風及頹。頹風之焚輪者也風薄相扶而上喻朋友相須
而成。頹徒雷反上時掌反將恐將懼寘予于懷。箋云寘置也置我於懷言至親已也。寘之豉反將安將樂棄予如遺。箋云如遺者如人行道遺忘物忽然不省存也
疏習習至如遺。正義曰言習習然和調者生長之谷風也維生長之谷風能及於焚輪謂之頹使之旋轉而升是風
薄相扶而上也以興良朋能佐於善友使之道德益進是朋友相牽而成也德既由友而成則窮達不可相棄故言
何爲汝本且恐且懼苦厄之時則置我於懷至相親愛矣今汝得且安且樂志達之後反更棄我如人遺忘於物忽然不
省無心念我也。傳頹風至而成。正義曰釋天云焚輪謂頹扶搖謂之猋李巡曰焚輪暴風從上來降謂之頹頹下也
扶搖暴風從下升上故曰猋猋上也孫炎曰迴風從上下曰頹迴風從下上曰猋然則頹者風從上而下之名迴風從上禾與
而下力薄不能更升谷風與相遇二風并力乃相扶而上以喻朋友二人同心乃相牽而成也彼迴風從上下谷風
相扶謂之爲頹若谷風既與相扶而上則於爾雅
爲猋不復爲頹也詩言頹據其未與相扶之名耳

詩十二之

天文

敢指蝃蝀虹也夫婦過禮則虹氣盛君子見戒而懼諱之莫之敢指箋云虹天氣之戒尚無敢指者況淫奔之女誰敢視之○虹音洪一音絳女子有行遠父母兄弟箋云行道也婦人生而有適人之道何憂於不嫁而爲淫奔之過乎惡之甚○遠于萬反下同惡烏路反下惡之皆同○疏蝃蝀至兄弟○正義曰此惡淫奔之辭也言虹氣見於東方爲夫婦過禮之戒君子之人尚莫之敢指而視之況今淫奔之女見爲過惡我誰敢視之也既惡淫奔之女因即就而責之言女子有適人之道當自遠其父母兄弟於理當嫁何憂於不嫁而爲淫奔之過惡乎○傳蝃蝀至敢指○正義曰釋天云螮蝀謂之雩螮蝀虹也郭璞曰俗名爲美人音義云虹雙出色鮮盛者爲雄雄曰虹闇者爲雌雌曰蜺此與爾雅字小異音實同是爲虹也序云止奔而經云莫之敢指是虹爲淫戒故言夫婦過禮則虹氣盛也夫婦過禮謂不以道妄淫行夫婦之事也月令孟冬虹藏不見則十月以前當自有虹言由夫婦過禮者天垂象因事以見戒且由過禮而氣更盛不謂凡平無虹也以天見戒故君子見而懼諱自戒懼諱惡此由淫過所致不敢指而視之若指而視之則似慢天之戒不以淫爲懼諱然故莫之敢指也朝隮于西崇朝其雨隮升崇終也從旦至食時爲終朝箋云朝有升氣於西方終其朝則雨氣應自然以言婦人生而有適人之道亦性自然○隮子西反徐又子細反鄭注周禮云隮虹應應對之應女子有行遠兄弟父母疏朝隮至父母○正義曰言朝有升氣於西方終朝其必有雨有隮氣必有雨者是氣應自然以與女子生則必當嫁亦性自然矣故又責之言女子生有適人之道遠其兄弟父母何患於不嫁而爲淫奔乎○傳從旦至終朝○正義曰以朝者早旦之名故爾雅山東曰朝陽今言終朝故至食時矣左傳曰子文治兵終朝而畢子玉終日而畢是終朝非竟日也○箋朝有至自然○正義曰視祲注云隮虹也詩云朝隮于西則隮亦虹也言升氣者以隮升也由升氣所爲故號虹爲隮鄭司農亦云隮者升氣是也上蝃蝀虹也色青赤因雲而見此言雨徵則與彼同也視祲掌十煇之法以觀妖祥注云煇謂日光氣也則隮亦日之光氣矣蝃蝀亦日光氣但日在東則虹見西方日在西方虹見東方無在日傍之時鄭注周禮見隮與此同故引以證非謂此爲妖祥也

天文

天文

垂光之

頌命宣垂光之　釋文垂光之　馬云日月星辰太極之光

十月朔旦冬至日月如合璧五星如連珠　故曰垂光之

天文

黄赤黑道

傳日月至常法○正義曰日月之行四時皆有常法變冬夏爲南北之極故擧以言之日月之行冬有常度喻人君爲政小大各有常法張衡蔡雍王蕃等說渾天者皆云周天三百六十五度四分度之一天體圓如彈丸北高南下北極出地上三十六度南極入地下三十六度南極去北極直徑一百二十二度弱其依天體隆曲南極去北極一百八十二度強正當天之中央南北二極中等之處謂之赤道去南北極各九十一度春分日行赤道從此漸北夏至赤道之北二十四度去北極六十七度去南極一百一十五度日行黑道從夏至日以後日漸南至秋分還行赤道與春

十三經注疏　書十二　周書　洪範　十三

分同冬至行赤道之南二十四度去南極六十七度去北極一百一十五度其日之行處謂之黃道又有月行之道與日道相近交路而過半在日道之裏半在日道之表其當交則兩道相合交去極遠處兩道相去六度此其日月行道之大

天文

古璿璣玉衡以觀天文

古言天者三家

舜璿璣玉衡以齊七政 政衡……七政日月五星所異

尚書說的天文觀念的實是為古代儒者

○傳在察璣與否。○正義曰在察釋詁文說文云璿美玉也玉是大名璿是玉之別稱璣衡俱以玉飾但史之立文不可以玉璣玉衡一指玉體一指玉名猶左傳云瓊弁玉纓所以變其文傳以璿言玉名故云美玉其實玉衡亦美玉也易賁卦彖云觀乎天文以察時變日月星宿運行於天是爲天之文也璣衡者璣爲轉運衡爲橫簫運璣使動於下以衡望之是王者正天文之器漢世以來謂之渾天儀者是也馬融云渾天儀可旋轉故曰璣衡其橫簫所以視星宿也以璿爲璣以玉爲衡蓋貴天象也蔡邕云玉衡長八尺孔徑一寸下端望之以視星辰蓋懸璣以象天而衡望之轉璣窺衡以知星宿是其說也七政其政有七於璣衡察之必在天者知七政謂日月與五星也木曰歲星火曰熒惑星土曰鎮星金曰太白星水曰辰星易繫辭云天垂象見吉凶聖人象之此日月五星有吉凶之象因其變動爲占七者各自異政故爲七政得失由政故稱政也舜既受終乃察璣衡是舜察天文齊七政以審已之受禪當天心與否也馬融云日月星皆以璿璣玉衡度知其盈縮進退失政所在聖人謙讓猶不自安視璿璣玉衡以驗齊日月五星行度知其政是與否重審已之事也上天之體不可得知測天之事見於經者唯有此璿璣玉衡一事而已蔡邕天文志云言天體者有三家一曰周髀二曰宣夜三曰渾天宣夜絕無師說周髀術數具在考驗天象多所違失故史官不用惟渾天者近得其情今史所用候臺銅儀則其法也虞喜云宣明也夜幽也幽明之數其術兼之故曰宣夜但絕無師說不知其狀如何周髀之術以爲天似覆盆蓋以斗極爲中中高而四邊下日月旁行遶之日近而見之爲晝日遠而不見爲夜渾天者以爲地在其中天周其外日月初登於天後入於地晝則日在地上夜則日入地下王蕃渾天說曰天之形狀似鳥卵天包地外猶卵之裹黃圓如彈丸故曰渾天言其形體渾渾然也其術以爲天半覆地上半在地下其天居地上見有一百八十二度半強地下亦然北極出地上三十六度南極入地下亦三十六度而嵩高正當天之中極南五十五度當嵩高之上又其南十二度爲夏至之日道又其南二十四度爲春秋分之日道又其南二十四度爲冬至之日道南下去地三十一度而已是夏至日北去極六十七度春秋分去極九十一度冬至去極一百一十五度此其大率也其南北極持其兩端其天與日月星宿斜而迴轉此必古有其法遭秦而滅楊子法言云或問渾天曰落下閎營之鮮于妄人度之耿中丞象之幾乎幾乎莫之能違也是楊雄之意以渾天而問之也閎與妄人武帝時人宣帝時司農中丞耿壽昌始鑄銅爲之象史官施用焉後漢張衡作靈憲以說其狀蔡邕鄭玄陸績吳時王蕃晉世姜岌張衡葛洪皆論渾天之義並以渾說爲長江南宋元嘉年皮延宗又作是渾天論太史丞錢樂鑄銅作渾天儀傳於齊梁周平江陵遷其器於長安今在太史書矣衡長八尺璣徑八尺圓周二丈五尺強轉而望之有其法也○

天文

四天之稱名異

此乃命羲和重述克明俊德之事得致雍和所由已上論堯聖性此說堯之任賢據堯身而言用臣故云乃命非時雍之後方始命之使敬順昊天昊天者混元之氣昊然廣大故謂之昊天也釋天云春爲蒼天夏爲昊天秋爲旻天冬爲上天毛詩傳云尊而君之則稱皇天元氣廣大則稱昊天仁覆閔下則稱旻天自上降監則稱上天據遠視之蒼蒼然則稱蒼天爾雅四時異名詩傳卽隨事立稱鄭玄讀爾雅云春爲昊天夏爲蒼天故駁異義云春氣博施故以廣大言之夏氣高明故以遠言之秋氣或生或殺故以閔下言之冬氣閉藏而清察故以監下言之皇天者尊而號之也六藉之中諸稱天者以情所求言之耳非必於其時稱之然此言堯敬大四天故以廣大言之

天文

雨

以易象密雲不雨尚往陽上薄陰陰能固之

然後蒸而為雨

天民

一

孔曉舟誌

借我錢三百 庚戌

天文

（月每九）（日如淨凡日如鏡）

禮記月令正義引京房月與星辰陰者也有形

無光日照之乃有光先師以為日似彈丸

月似鏡體或以為月亦似彈丸日照處

則明不照處則闇沈括筆談亦稱陰

凡之事二重事自精側觀之

畢加粟月似彈丸月似鏡體為（作）日為

圓體月爲平面

流星奔星

星說曰光迹相連曰流絕迹而去曰奔

宋書天文志（節選）

天文

經天

「晝而星見午上者為經天」宋書天文志(24の2)

天文

說文步部歲……律曆書名五星為五步

推步

約讀如劍若天文謂之推步

天文歷法摘抄

○冬有星孛于大辰西及漢 夏之八月辰星見在天漢西今孛星出辰西光芒東及天漢○夏戶雅反下文同見賢遍反 疏 注夏之至天漢○正義曰星孛文在冬下經傳皆無其月但冬以十月為初故以夏之八月解之也月令仲秋之月日在角昏牽牛中大辰是房心尾也其星處於東方之時在角星之北故以八月之昏角星與日俱沒大辰見於西方也天漢在箕斗之間於是時天漢西南東北邪列於天大辰之星見在天漢之西也今孛星又出於大辰之西而尾東指光芒歷辰星而東及天漢也

申須曰彗所以除舊布新也 申須魯大夫○彗似銳反又音息遂反 疏 彗所至新也○正義曰彗埽箒也其形似彗故名焉箒所以埽去塵彗星象之故所以除舊布新也言此星見必有除舊之事

天事恆象 天道恆以象類告示人 今除於火火出必布焉諸侯其有火災乎 今火向伏故知當須火出乃布散為災○向許亮反又作嚮

梓慎曰往年吾見之是其徵也 徵始有形象而微也 火出而見 前年火出時○見賢遍反下及注並同 今茲火出而章必火。入而伏 隨火沒也 疏 今茲至而伏○正義曰梓慎云往年吾見之是其徵也當時火出之時而彗星已見是隨火而行也今年火星之出而彗星章明是彗漸益長未即消滅必當火入之時與火俱伏也服虔注木火出而章必火火入而伏重火別句孫毓云賈氏舊文無重火字

其居火也久矣 歷二年 其與不然乎 言必然也○與如字又音預 火出於夏為三月 謂昏見 於商為四月於周為五月夏數得天 得天正 疏 注得天正○正義曰斗柄所指一歲十二月分為四時夏以建寅為正則斗柄東指為春南指為夏是為得天四時之正也若殷周之正則不得正

十三經注疏 春秋左傳四十八 昭公十七年 十四

昭十七

天文

夏吳伐越始用師於越也自此之前雖疆事小爭未嘗用大兵。疆居良反爭爭鬬之爭史墨曰不及四十年越其有吳乎存亡之數不過三紀歲星三周三十六歲故曰不及四十年哀二十二年越滅吳至此三十八歲越得歲而吳伐之必受其凶此年歲在星紀星紀吳越之分也歲星所在其國有福吳先用兵故反受其殃。分扶問反殃於良反

疏注此年至其殃。正義曰十二年傳稱萇弘對景王云歲在豕韋言十一年歲星在豕韋也又曰歲在大梁蔡復楚凶謂十三年歲星在大梁也十三年距此十九年耳歲星歲行一次十二年而行天一周則二十五年復在大梁從彼而厤數之則此年始至析木之津而此年歲在星紀者歲行一次舉大數耳其實一歲之行有餘一次故劉歆三統之術以爲歲星一百四十四年行天一百四十五次計一千七百二十八年爲歲星歲數言數滿此年剩得行天一周三統之厤以庚戌爲上元從上元至襄二十八年積十四萬二千六百八十六歲置此歲數以歲星歲一千七百二十八除之得積終八十二去之歲餘九百九十以一百四十五乘歲餘得十四萬三千五百五十以一百四十四除之得九百九十六爲積次不盡一百二十六爲次餘從襄二十八年至昭十五年合有一十八年歲星年行一次年有一餘以次加次得一千一十四以餘加餘得一百四十四餘數滿法又成一次以從積次得一千一十五也以十二去之餘餘次一百四十四周七个一百四十四年還得剩行天一周也餘七命起星紀筭外得鶉火是昭十五年歲星在鶉火也計十三年在大梁十五年當在鶉首而在鶉火者由其餘分數滿剩得一次猶如閏餘滿而成月也以十五年歲在鶉火歷而數之則二十七年復在鶉火故此年在星紀也於十二次分野星紀是吳越之分也歲星是天之貴神所在之次其國有福今越得歲星故吳伐之則凶也吳越同分而云越福吳凶者以吳先用兵故反受其殃賈逵云然杜從之也鄭玄云天文分野斗主吳牽牛主越此年歲星在牽牛故吳伐之凶案史傳所云吳越同分不言於次之內更復分星姜氏任氏共守玄枵復以何星主齊何星主薛也且據三統之術星紀之初斗十二度至於牽牛初度乃爲中耳十五年餘分始滿則此年之初歲星初入此次伐越在夏未得已至牽牛鄭之此説爲妄之甚也

昭卅二

天文

所吏反○夏五月乙未朔日有食之梓慎曰將水陰勝陽故曰將水昭子曰旱也日過分而陽猶不克克必甚能無旱乎過春分陽氣盛時而不勝陰陽將很出故爲旱○很烏罪反陽不克莫將積聚也陽氣莫然不動乃將積聚○陽不克莫絕句○六月壬

昭廿四

天文

經二十有四年春叔孫豹如晉（賀克欒氏）○仲孫羯帥師侵齊○夏楚子伐吳○秋七月甲子朔日有食之既（無傳）【疏】秋七至之既○正義曰漢書律厤志載劉歆三統之術以爲五月二十三分月之二十乃爲一交以爲交在望前朔則日食望則月食交在望後望則月食後月朔則日食交正在朔則日食既前後望不食交正在望則月食既前後朔不食而二十一年九月十月頻月日食此年七月八月日食凡交前十五度交後十五度並是食竟去交遠則日食漸少去交近則日食漸多正當交則日食既若前月在交初一度日食則至後月之朔日猶在交之末度未出食竟月行天既而來及於日或可更食若前月日在交初二度以後則後月復食無理今七月日食既而八月又食於推步之術必無此理蓋古書磨滅致有錯誤劉炫云漢末以來八百餘載考其注記莫不皆爾都無頻月日食之事計天道轉運古今一也後世既無其事前世理亦當然而今有頻食於術不得有交之所在日月必食日食在朔月食在望日月共盡一體日食少則月食多日食多則月食少日食盡則前後望月不食月食盡則前後朔日不食以其交道既不復與相掩故也此與二十一年頻月日食理必不然但其字則變古爲篆改篆爲隸書則縑以代簡紙以代縑多厤世代年數遥遠喪亂或轉寫誤失其本真先儒因循莫敢改易執文求義理必不通後之學者宜知此意也

○齊崔杼帥師伐莒○大水（無傳）○八月癸巳朔日有食之（無傳）○公會晉侯宋公衛侯鄭伯曹伯

天文（此）

爾雅疏卷第六

翰林侍講學士朝請大夫守國子祭酒上柱國賜紫金魚袋臣邢昺等奉　勅校定

釋天第八

疏 釋天第八○釋曰河圖括地象云易有大極是生兩儀兩儀未分其氣混沌清濁既分伏者爲天偃者爲地釋名云天顯也在上高顯又云天坦也坦然高遠說文云天顛也至高無上從一大也春秋說題辭云天之言鎮也居高理下爲人經紀故其字一大以鎮之此天之名義也天之爲體中包乎地日月星辰屬焉然天地有高下之形四時有升降之理日月有運行之度星辰有次舍之常既曰釋天不得不略言其趣故其形狀之殊凡有六等一曰蓋天文見周髀如蓋在上二曰渾天形如彈丸地在其中天包其外猶如雞卵白之繞黃楊雄桓譚張衡蔡邕陸績王肅鄭玄之徒並所依用三曰宣夜舊說云殷代之制其形體事義無所出以言之四曰昕天昕讀爲軒言天北高南下若車之軒是吳時姚信所說五曰穹天云穹隆在上虞氏所說不知其名也六曰安天是晉時虞喜所論案鄭注考靈耀云天者純陽清明無形聖人則之制璿璣玉衡以度其象如鄭此言則天是大虛本無形體但指諸星運轉以爲天耳但諸星之轉從東而西凡三百六十五日四分日之一星復舊處星既左轉日則右行亦三百六十五日四分日之一至舊星之處即以一日之行而爲一度計二十八宿一周天凡三百六十五度四分度之一是天之一周之數也天如彈丸

圜圓三百六十五度四分度之一案考靈耀云一度二千九百三十二里千四百六十一分里之三百四十八周天百七萬一千里者是天圓周之里數也以圓三徑一言之則直徑三十五萬七千里此爲二十八宿所迴直徑之數也然二十八宿之外上下東西各有萬五千里是爲四遊之極謂之四表據四表之內并星宿內揔有三十八萬七千里然則天之中央上下正半之處則一十九萬三千五百里地在於中是地去天之數也鄭注考靈耀云地蓋厚三萬里春分之時地正當中自此地漸漸而下至夏至之時地下萬五千里地之上畔與天中平夏至之後地漸漸向上至秋分地正當天之中央自此地漸漸而上至冬至上遊萬五千里地之下畔與天中平自冬至後地漸漸而下此是地之升降於三萬里之中但渾天之體雖繞於地地則中央正平天則北高南下北極高於地三十六度南極下於地三十六度然則北極之下三十六度常見不沒南極之上三十六度常沒不見南極去北極一百二十一度餘若逐曲計之則一百八十一度餘若以南北中半言之謂之赤道去南極九十一度餘去北極亦九十一度餘此是春秋分之日道赤道之北二十四度爲夏至之日道去北極六十七度也赤道之南二十四度爲冬至之日道去南極亦六十七度地有升降星辰有四遊又鄭注考靈耀云天旁日四表之中冬南夏北春西秋東皆薄四表而止地亦升降於天之中冬至而下夏至而上二至上下蓋極地厚也地與星辰俱有四遊升降四遊者自立春地與星辰西遊春分西遊之極地雖西極升降正中從此漸漸而東至春末復正自立夏之後北遊夏至北遊之極地則升降極下至夏末復正立秋之後東遊秋分東遊之極地則升降正中至秋末復正立冬之後南遊冬至南遊之極地則升降極上至冬末復正此是地及星辰四遊之義也星辰亦隨地升降故鄭注考靈耀云夏日道上與四表平下去東井十二度爲三萬里則是夏至之日上極萬五千里星辰下極萬五千里故夏至之日下至東井三萬里也日有九道故考靈耀云萬世不失九道謀鄭注引河圖帝覽嬉云黃道一青道二出黃道東赤道二出黃道南白道二出黃道西黑道二出黃道北日春東從青道夏南從赤道秋西從白道冬北從黑道立春星辰西遊日則東遊春分星辰西遊之極日東遊之極日與星辰相去三萬里立夏星辰北遊日則南遊夏至星辰北遊之極日南遊之極日與星辰相去三萬里以此推之秋冬放此可知計夏至之日日在井星當嵩高之上以其南遊之極故在嵩高之南萬五千里所以夏至有尺五寸之景也於時日又上極星辰下極故日下去東井三萬里也然鄭四遊之說元出周髀之文但二十八宿從東而左行日從西而右行一度逆沿二十八宿案漢書律厤志云冬至之時日在牽牛初度春分之時日在婁四度夏至之時日在東井三十一度秋分之時日在角十度若日在東井則極長八尺之表尺五寸之景若春分在婁秋分在角晝夜等八尺之表七尺五寸之景冬至日在斗則晝極短八尺之表一丈三尺之景一丈三尺之中去其一尺五寸則餘有一丈一尺五寸之景是冬夏往來之景也凡於地千里而差一寸則夏至去冬至體漸南漸下相去十一萬五千里又考靈耀云正月假上八萬里假下一十萬四千里所以有假上假下者鄭注考靈耀之意以天去地十九萬三千五百里正月雨水之時日在上假於天八萬里下至地一十一萬三千五百里夏至之時日上

極與天表平也後日漸向下故鄭注考靈耀云夏至日與表平冬至之時日下至於地八萬里上至於天十一萬三千五百里也委曲具考靈耀注凡二十八宿及諸星皆循天左行一日一夜一周天一周天之外更行一度計一年三百六十五周天四分度之一日月五星則右行日一日一度月一日一十三度十九分度之七此相通之數也今厤象之說則月一日至於四日行最疾日行十四度餘自五日至八日行次疾日行十三度餘自九日至十九日行則遲日行十二度餘自二十日至二十三日又小疾日行十三度餘自二十四日至於晦行又最疾日行一十四度餘此是月行之大率也二十七日月行一周天至二十九日彊半月及於日與日相會乃爲一月故考靈耀云九百四十分爲一日二十九日與四

百九十九分爲月是一月二十九日之外至第三十日分至四百九十九分月及於日計九百四十分則四百七十爲半今四百九十九分是過半二十九分也但月是陰精日爲陽精故周髀云日猶火月猶水火則外光水則含景故月光生於日所照魄生於日所蔽當日則光盈就日則明盡京房云月與星辰陰者也有形無光日照之乃有光先師以爲日似彈丸月似鏡體或以爲月亦似彈丸日照處則明不照處則闇案律厤志云二十八宿之度角一十二度亢九氐十五房五心五尾十八箕十一東方七十五度斗二十六牛八女十二虛十危十七營室十六壁九北方九十八度奎十六婁十二胃十四昴十一畢十六觜二參九西方八十度井三十二鬼四柳十五星七張十八翼十八軫十七南方一百一十二度丑爲星紀初斗十二度終婺女七度子爲玄枵初婺女八度終於危十五度亥爲娵觜初危十六度終於奎四度戌爲降婁初奎五度終於胃六度酉爲大梁初胃七度終於畢十一度申爲實沈初畢十二度終於井十五度未爲鶉首初井十六度終於柳八度午爲鶉火初柳九度終於張十七度巳爲鶉尾初張十八度終於軫十一度辰爲壽星初軫十二度終於氐四度卯爲大火初氐五度終於尾九度寅爲析木初尾十度終於斗十一度五星者東方歲星南方熒惑西方太白北方辰星中央鎭星其行之遲速俱在律厤志不更煩說元命包云日之爲言實也月闕也劉熙釋名云日實也光明盛實月闕也滿則闕也說題辭云星陽精之榮也陽精爲日日分爲星故其字日下生也釋名云星散也布散於天又云陰蔭也氣在內奧蔭也陽揚也陽氣在外發揚此等是陰陽日月之名也祭法黃帝正名百物其名蓋黃帝而有也或後人更有增足其天高地下日盈月闕觜星度少井斗度多日月右行星辰左轉四遊升降之差二儀運動之法非由人事所作皆是造化自然先儒因自然遂以人事爲義或據理是實或構虛不經既無正文可憑今皆畧而不錄

穹蒼蒼天也 天形穹隆其色蒼蒼因名云 春爲蒼天 萬物蒼蒼然生 夏爲昊天 言氣晧旰 秋爲旻天 旻猶愍也愍萬物彫落 冬爲上天 言時無事在上臨下而已 四時

疏 穹蒼至四時。釋曰此釋四時之天名也云穹蒼蒼天也者詩大雅桑柔云靡有旅力以念穹蒼故此釋之也詩人因天形穹隆其色蒼蒼故云穹蒼其實則與下云春爲蒼天者是一故云穹蒼蒼天也郭云天形穹隆其色蒼蒼因名云也云春爲蒼天者詩王風黍離云悠悠蒼天故此釋之也郭云萬物蒼蒼然生者言春時萬物蒼蒼然生春時天名曰蒼天也云夏爲昊天者詩雨無正云浩浩昊天故此釋之昊者元氣博大之貌郭云言氣晧旰者晧旰日光出之貌也言昊日光明晧旰因名云昊天也云秋爲旻天者詩大雅召旻云旻天疾威之類旻愍也言秋氣肅殺萬物可愍故曰旻天郭云旻猶愍也愍萬物彫落者旻愍詩序文但彼愍作閔音義同也云冬爲上天者詩小雅信南山云上天同雲之類言冬時無事唯在於上故曰上天郭云言時無事在上臨下而已者言冬氣閉藏無他生殺之事唯在於上監於下而已也案詩傳云蒼天以體言之尊而君之則稱皇天元氣廣大則稱昊天仁覆閔下則稱旻天自上降監則稱上天據遠視之蒼蒼然則稱蒼天毛公此傳當有成文不知出何書李巡云古詩人質仰視天形穹隆而高其色蒼蒼故曰穹蒼是蒼天以體言之也皇君也故尊而君之則稱皇天昊大貌故言其混元之氣昊昊廣大則稱昊天旻閔也言其以仁慈之恩覆閔在下則稱旻天從上而下視萬物則稱上天據人遠而視之其色蒼蒼然則稱蒼天又李巡注此云春萬物始生其色蒼蒼故曰蒼天夏萬物盛壯其氣昊大故曰昊天秋萬物成孰皆有文章故曰旻天冬陰氣在上萬物伏藏故曰上天案此以四時異其天名詩傳則各用所宜爲稱似相乖異而鄭玄則和合二說故異義同號今尚書歐陽說春曰昊天夏曰蒼天秋曰旻天冬曰上天爾雅亦云古尚書與毛詩同謹案尚書堯典羲和以昊天揔勑以四時故知昊天不獨春也左傳夏四月孔丘卒稱曰旻天不弔非秋也玄之聞也爾雅者孔子門人所作以釋六藝之言蓋不誤也春氣博施故以廣大言之夏氣高明故以遠大言之秋氣或生或殺故以閔下言之冬氣閉藏而淸察故以監下言之皇天者至尊之號也六藝之中諸稱天者以情所求之耳非必於其時稱之浩浩昊天求天之博旻蒼天。蒼天求天之高明昊天不弔求天之生殺當得其宜上天同雲求天之所爲當順其時也此之求天猶人之說事各從其主耳若察於是則堯命羲和欽若昊天孔丘卒昊天不弔無可怪耳是鄭和合二說之事也爾雅春爲蒼天夏爲昊天歐陽說春爲昊天夏爲蒼天鄭既言爾雅不誤當從爾雅而又從歐陽說以春昊夏蒼者鄭讀爾雅與孫郭本異故許慎既載今尚書說即言爾雅亦云明見爾雅與歐陽說同雖蒼昊有春夏之殊則未知孰是要二說理相符合故鄭和而釋之○四時○釋曰此題上事也言上所陳是四時天之名也題之在下者若周公踐阼及詩篇章句皆篇末題之故此亦爾白虎通云歲時何謂春秋冬夏也時者期也陰陽消息之期也鄉飲酒義云春之爲言蠢也產萬物者聖也夏之爲言假也養之長之假之仁也秋之爲言揫也揫之以時察守義者也冬之爲言中也中者藏也

○春爲青陽氣清而溫陽　夏爲朱明氣赤而光明　秋爲白藏氣白而收藏　冬爲玄英氣黑而清英　四氣和謂之玉燭道光照　春爲發生夏爲長嬴秋爲收成冬爲安寧此亦四時之別號尸子皆以爲太平祥風　四時和爲通正通平暢也　謂之景風所以致景風　甘雨時降萬物以嘉莫不善之　謂之醴泉所以出醴泉　祥

疏春爲至醴泉○釋曰此釋太平之時四氣和暢以致嘉祥之事也云春爲青陽者言春之氣和則青而溫陽也云夏爲朱明者言夏之氣和則赤而光明也云秋爲白藏者言秋之氣和則色白而收藏也云冬爲玄英者言冬之氣和則黑而清英也云四氣和謂之玉燭注云道光照者道言也言四時和氣溫潤明照故曰玉燭李巡云人君德美如玉而明若燭聘義云君子比德於玉焉是知人君若德輝動於內則和氣應於外統而言之謂之玉燭也云春爲發生夏爲長嬴秋爲收成冬爲安寧者此亦四時之別號也云四時和爲通正者言上四時之功和是爲通暢平正也云謂之景風者言所以致景風景風即和風也云甘雨時降萬物以嘉者嘉善也甘雨即時雨也不爲萬物所苦故曰甘若月令苦雨數來則非甘也甘雨既以時降則萬物莫不嘉善之也云謂之醴泉者言四時平暢亦所以使地出醴泉也醴泉者水泉味甘如醴也云祥者亦題上事也祥吉也義取言此上皆太平之吉祥也○注此亦至祥風○釋曰云此亦四時之別號者言與上青陽等同爲四時別號故云亦也上據氣而言此據功爲說云尸子皆以爲太平祥風者案尸子仁意篇述太平之事云燭於玉燭飲於醴泉暢於永風春爲青陽夏爲朱明秋爲白藏冬爲玄英四氣和爲正光此之謂玉燭甘雨時降萬物以嘉高者不少下者不多此之謂醴泉其風春爲發生夏爲長嬴秋爲方盛冬爲安靜四氣和爲通正此之謂永風是也○注所以出醴泉○釋曰案援神契云德及於天斗極明日月光甘露降德至深泉則黃龍見醴泉湧是言王者脩德以召和平則致景風醴泉也案此經所釋即謂發生等爲景風時雨爲醴泉而郭云所以致景風醴泉者所以弘通其義也

○大歲在甲曰閼逢在乙曰旃蒙在丙曰柔兆在丁曰強圉在戊

曰著雍在己曰屠維在庚曰上章在辛曰重光在壬曰玄黓在癸曰昭陽閼烏割切著直略切重直龍切黓音亦

歲陽○大歲在寅曰攝提格在卯曰單閼在辰曰執徐在巳曰大荒落在午曰敦牂在未

曰協洽在申曰涒灘在酉曰作噩在戌曰閹茂在亥曰大淵獻在子曰困敦在丑曰赤奮若牂音臧洽夾涒湯昆切噩五各切閹音俺敦頓

疏 太歲在甲至赤奮若○釋曰此別太歲在日在辰之名也甲至癸爲十日日爲陽寅至丑爲十二辰辰爲陰案漢書律麻志云迺以前麻上元泰初四千六百二十七歲至於元封七年復得閼逢攝提格之義中冬孟康曰言復得者上元泰初時亦是閼逢之歲歲在甲曰閼逢在寅曰攝提格此謂甲寅之歲也然則乙卯之歲曰旃蒙單閼丙辰之歲曰柔兆執徐丁巳之歲曰强圉大荒落戊午之歲曰著雍敦牂己未之歲曰屠維協洽庚申之歲曰上章涒灘辛酉之歲曰重光作噩壬戌之歲曰玄黓閹茂癸亥之歲曰昭陽大淵獻甲子之歲曰閼逢困敦乙丑之歲曰旃蒙赤奮若以此推之周而復始可知

載歲也夏曰歲取歲星行一次商曰祀取四時一終周曰年取禾一熟唐虞曰載取物終更始歲名

疏 載歲也至曰載○釋曰別年歲之名也載卽歲也白虎通云王者受命而改正朔者明易姓示不相襲也明受之於天不受之於人所以變易民心革其耳目以助化也然則歲名變易理亦同此故夏曰歲取歲星行一次夏書曰每歲孟春遒人以木鐸徇于路是也商曰祀取四時一終則以祀者嗣也取其興來繼往之義孫炎曰取四時祭祀一訖商書曰惟元祀十有二月乙丑伊尹祠于先王是也周曰年者取禾一熟也案說文云季穀熟也從禾千聲春秋曰大有年然則年者禾熟之名每歲一熟故以爲歲名左傳曰卜年七百是也唐虞曰載載始也取物終更始堯典曰朕在位七十載舜典曰五載一巡守是也○注取歲星行一次○釋曰案律麻志分二十八宿爲十二次晉灼注天文志云太歲在四仲則歲行三宿太歲在四孟四季則歲行二宿二八十六三四十二而行二十八宿十二歲而周天是歲星年行一次也

○月在甲曰畢在乙曰橘在丙曰修在丁曰圉在戊曰厲在己曰則在庚曰室在辛曰塞在壬曰終在癸曰極室知乙切塞先北切

月陽○正月爲陬離騷云攝提貞於孟陬二月爲如三月爲寎四月爲余五月爲皋六月爲且七月爲相八月爲壯九月爲玄國語云至於玄月是也○寎孚柄切且子余切相息亮切十月爲陽

釋天

純陽用事嫌於無陽故以名云十一月爲辜十二月爲涂皆月之別名自歲陽至此其事義皆所未詳通者故闕而不論○涂音徒

月名 疏 月在甲至月名○釋曰此辨以日配月之名也設若正月得甲則曰畢陬二月得乙則曰橘如三月得丙則曰修窉四月得丁則曰圉余五月得戊則曰厲皐六月得己則曰畢且七月得庚則曰室相八月得辛則曰塞壯九月得壬則曰終玄十月得癸則曰極陽十一月得甲則曰畢辜十二月得乙則曰橘涂周而復始亦可知也若史記厤書云月名畢聚也○注離騷至孟陬之○釋曰離騷者屈原之所作也屈原與楚同姓仕懷王爲三閭大夫爲大夫靳尚所譖毀見疎乃作離騷經離別也騷愁也言已放逐離別心中愁思猶陳正道以諷諫君也其經曰帝高陽之苗裔兮朕皇考曰伯庸攝提貞於孟陬兮惟庚寅吾以降彼注云言已生得陰陽之正中是引之以証正月爲陬之義○注國語至是也○釋曰此越語文也案彼云越王將伐吳范蠡諫曰王姑待之至於玄月王召范蠡而問焉彼注云魯哀公十六年九月也至十七年三月越伐吳是也引之以證九月爲玄也○注純陰至名云○釋曰純陰用事嫌於無陽故以名云者以易言之五月一陰生十月純坤用事故云純陰用事也云嫌者君子愛陽而惡陰故以陽名之無陽而得陽名者以分陰分陽迭用柔剛十二月之消息見其用事耳其實陰陽常有詩緯曰陽生酉仲陰生戌仲是十月中兼有陰陽也四月秀葽靡草死豈無陰乎明陰陽常兼有也詩小雅云日月陽止是也○注皆月至不論○釋曰言正月爲陬已下皆月之別名云自歲陽至此者謂自闕逢以下也云其事義皆所未詳通者案李巡孫炎雖各有其說皆構虛不經疑事無質故闕而不論

○南風謂之凱風詩曰凱風自南東風謂之谷風詩云習習谷風北風謂之涼風詩云北風其涼西風謂之泰風詩云泰風有隧焚輪謂之穨暴風從上下○穨徒回切扶搖謂之猋暴風從下上○猋必遙切風與火爲庉庉庉熾盛之貌○庉徒袞切迴風爲飄旋風也○飄[illegible]日出而風爲暴詩云終風且暴風而雨土爲霾詩云終風且霾○霾音頹陰而風爲曀詩云終風且曀○曀於計切天氣下地不應曰雺言蒙昧○雺音蒙地氣發天不應曰霧霧謂之晦言晦冥螮蝀謂之雩螮蝀虹也俗名爲美人虹江東呼雩○螮音帝蝀丁孔切雩于句切蜺爲挈貳蜺雌虹也見離騷挈貳其別名見尸子○挈若結弇日爲蔽雲即暈氣五彩覆日也○弇掩疾雷爲霆霓雷之急擊者謂霹靂○霆廷霓宜雨霓爲霄雪詩云如彼雨雪先集維霰霰水雪雜下者謂之消雪○霓醉見切暴雨謂之涷今江東人呼夏月暴雨爲涷雨離騷云令飄風兮先驅使涷雨兮灑塵是也○涷音東西之東小雨謂之霡霂詩云益之以霡霂○霡墨霂木久雨謂之淫左傳曰天作淫雨淫謂之霖雨自三日已上爲霖濟謂之霽今南陽人呼雨止爲霽○霽音薺霽徂計切

風雨 疏 南風至風雨○釋曰此釋風雨之名也易曰風以動之雨以潤之又曰潤之以風雨洪範曰月之從星則以風雨然則風雨相將之物故此類聚而釋之也○南風謂之凱風者李巡曰南風長養萬物萬物喜樂故曰凱風凱樂也郭氏無說義或當然詩邶風云凱風自南是也○東風謂之谷風者孫炎曰谷之言穀穀生也谷風者生長之風也詩邶風云習習谷風是也○北風謂之涼風者北風一名涼風言北方寒涼之風也月令孟秋之月涼風至詩邶風云北風其涼是也○西風謂之泰

風者孫炎曰西風成物物豐泰也詩大雅桑柔云泰風有隧是也○焚輪謂之頹者李巡曰焚輪暴風從上來降謂之頹頹下也孫炎曰迴風從上下曰頹郭云暴風從上下與李同也詩小雅云習習谷風維風及頹是也○扶搖謂之猋者李巡曰扶搖暴風從下升上故曰猋猋上也孫炎曰迴風從下上曰猋郭云暴風從下上亦用李說莊子說鵬云摶扶搖而上者九萬里月令孟春行秋令則猋風暴雨總至是也○風與火為庉者郭云庉庉熾盛之貌言風自火出火因風熾而有大風者為庉○迴風為飄者郭云旋風也李巡曰一曰飄風別二名也詩蓼莪云飄風發發是也○日出而風為暴者孫炎云陰雲不興而大風暴起然則為風之暴疾故詩邶風云終風且暴毛傳云暴疾也○風而雨土為霾者孫炎曰大風揚塵土從上下也詩邶風云終風且霾是也○陰而風為曀者孫炎曰雲風曀日光詩邶風云終風且曀是也○天氣下地不應曰雺者郭云言蒙昧洪範云曰雺鄭注云雺聲近蒙詩零雨其濛則雺是天氣下降地氣不應而濛闇也○地氣發天不應曰霧霧謂之晦者郭云言晦冥月令仲冬行夏令氛霧冥冥鄭云霜露之氣散相亂也然則地氣發而上天不應之則為氛霧霿又名晦春秋僖十五年己卯晦震夷伯之廟公羊穀梁皆云晦冥也是矣○螮蝀謂之雩螮蝀虹也者郭云俗名美人虹江東呼雩然則螮蝀一名雩一名虹詩鄘風云螮蝀在東月令季春之月虹始見音義云虹雙出色鮮盛者為雄雄曰虹闇者為雌雌曰蜺虹是陰陽交會之氣純陰純陽則虹不見若雲薄漏日日照雨滴則虹生螮與蝃音義同○蜺為挈貳者蜺雌虹也一名挈貳說又云霓屈虹青赤或白色陰氣也郭云見離騷者即天問云曰蜺嬰茀胡為此堂及遠遊章云雌蜺嬛嬛以曾撓兮是也挈貳其別名也文見尸子○弇日為蔽雲者郭云即暈氣五彩覆日也然則暈氣弇日名蔽雲周禮春官眡祲掌十煇之法鄭司農云煇謂日光炁是也○疾雷為霆霓者郭云雷之急擊者謂霹靂案說文云霆雷餘聲也鈴鈴所以挺出萬物也又云震劈歷振物者然則疾雷一名霆霓又名震春秋震夷伯之廟謂劈歷破之是也霹靂俗字也○雨霓為霄雪者霓水雪雜下也因名霄雪霄即消也詩小雅頍弁云如彼雨雪先集維霰鄭箋云將大雨雪始必微溫雪自上下遇溫氣而摶謂之霰案大戴禮曾子云陽之專氣為霰陰之專氣為雹盛陽之氣在雨水則溫暖為陰氣薄而脅之不相入則摶為雹也盛陰之氣在雨水則凝滯而為雪陽氣薄而脅之不相入則消散而下因水而為霰是霰由陽氣所薄而為之故鄭言遇溫氣而摶也霓與霰音義同○暴雨謂之涷者暴雨謂驟雨也一名涷郭云今江東人呼夏月暴雨為涷雨離騷云令飄風兮先驅使涷雨兮灑塵是也者此離騷九歌大司命文案彼云廣開兮天門紛吾乘兮玄雲令飄風兮先驅使涷雨兮灑塵是也○小雨謂之霢霂者小雨一名霢霂小雅信南山云益之以霢霂是也李巡云水雪俱下案此文上有暴雨下云久雨於中間無雪事而云水雪俱下妄矣○久雨謂之淫者淫過也久雨過多害於五稼故謂之淫月令季春行秋令則天多沈陰淫雨早降謂久雨也注云左傳曰天作淫雨者莊十一年傳文也○淫謂之霖者淫雨又名霖也郭云雨自三日已上為霖者隱九年左傳文也。濟謂之霽者濟止也雨止名霽郭云今南陽人呼雨止為霽書云曰霽云○風雨者題上事也

○壽星角亢也數起角亢列宿之長故曰壽○亢音剛 天根氐也角亢下繫於氐若木之有根○氐音低 天駟房也龍為天馬故房四星謂之天駟 大辰房心尾也龍星明者以為時候故曰大辰 大火謂之大辰大火星也在中最明故時候主焉 析木謂之津即漢津也○析昔 箕斗之間漢津也箕龍尾斗南斗天漢之津梁 星紀斗牽牛也牽牛斗者日月五星之所終始故謂之星紀 玄枵虛也虛在正北北方色黑枵之言耗耗亦虛意○枵許嬌切 顓頊之虛虛也顓頊水德位在北方○顓專頊旭 北

十三經注疏 爾雅六 釋天八 三

陸虛也虛星之名凡四。虛墟營室謂之定定正也作宮室皆以營室中爲正。定多佞切娵。觜。之口營室東壁也營室東壁星四方似口因名云。娵子余切。觜咨降婁奎婁也奎爲溝瀆故名降。降戶江切大梁昴也西陸昴也昴西方之宿別名旄頭濁謂之畢掩兔之畢或呼爲濁因星形以名。味謂之柳味朱鳥之口。味猪究切柳鶉火也鶉鳥名火屬南方北極謂之北辰北極天之中以正四時何鼓謂之牽牛今荊楚人呼牽牛星爲檐鼓檐者荷也。何胡可切明星謂之启明太白星也晨見東方爲启明昏見西方爲太白。启啓彗星爲欃槍亦謂之孛言其形孛孛似埽彗。欃初銜槍初庚奔星爲彴約流星。彴蒲握切約音藥

星名【疏】壽星至星名。釋曰此別星名也案周禮保章氏以星土辨九州之地所封封域皆有分星以觀妖祥鄭玄注云大界則曰九州諸國之封域於星亦有分焉其書亡矣堪輿雖有郡國所入度非古數也今其存可言者十二次之分也星紀吳越也玄枵齊也娵訾衛也降婁魯也大梁趙也實沈晉也鶉首秦也鶉火周也鶉尾楚也壽星鄭也大火宋也析木燕也又漢書律麻志東方角亢氐房心尾箕北方斗牛女虛危室壁西方奎婁胃昴畢觜參南方井鬼柳星張翼軫宿凡二十八此經所釋次惟有九宿惟十七者以爾雅之作釋六蓺所載者所不載者則闕焉。壽星角亢也者言壽星之次值角亢之宿也郭云數起角亢列宿之長故曰壽天文志云東宮蒼龍左角理右角將大角者天王帝坐廷亢主宗廟是也。天根氐也者氐一名天根郭云角亢下繫於氐若木之有根國語曰天根見而水涸是也。天駟房也者房一名天駟也郭云龍爲天馬故房駟星謂之天駟天文志曰房爲天府曰天駟國語曰月在天駟是也。大辰房心尾也者大辰房心尾之揔名也辰時也郭云龍星明者以爲時候故曰大辰春秋昭十七年冬有星孛於大辰是也。大火謂之大辰者大火大辰之次名也李巡云大火蒼龍宿心以候四時郭云大火心也在中最明故時候主焉左傳曰心爲大火是也。析木謂之津箕斗之間漢津也者析木之津箕斗之次名也孫炎曰析別水木以箕斗之間是天漢之津也劉炫謂是天漢即天河也天河在箕斗二星之間箕在東方木位斗在北方水位分析水木以箕星爲隅隅河須津梁以度故謂此次爲析木之津也不言析水而言析木者此次自南而盡北故依此次而名析木也郭云箕龍尾斗南斗天漢之津梁以四方皆有七宿各成一形東方成龍形西方成虎形皆南首而北尾南方成鳥形北方成龜形皆西首而東尾箕在蒼龍之末故云龍尾斗至南方即見故云南斗昭八年左傳曰今在析木之津國語曰日在析木之津者是也案經典但有析木之津無析木謂之津今定本有謂字因注云即漢津也誤矣。星紀斗牽牛也者星紀斗牛之次也郭云牽牛斗者日月五星之所終始故謂之星紀左傳曰歲在星紀是也。玄枵虛也者玄枵虛之次名也郭云虛在正北北方色黑枵之言耗耗亦虛意然則以其色黑而虛耗故名其次曰玄枵案襄二十八年左傳云春無冰梓慎曰今茲宋鄭其饑乎歲在星紀而淫於玄枵以有時菑陰不堪陽蛇乘龍龍宋鄭之星也宋鄭必饑玄枵虛中也枵耗名也土虛而民耗不饑何爲顓頊之虛也郭云顓頊水德位在北方然則以北方三次以玄枵爲中玄枵次有三宿又虛在其中以水位在北顓頊居之故謂玄枵虛星爲顓頊之虛也昭十年左傳云鄭裨竈言於子產曰今茲歲在顓頊之虛是也。北陸虛也者虛星又謂之北陸也孫炎曰陸中也北方之宿虛爲中也昭四年左傳云古者日在北陸而藏冰杜注云陸道也陸之爲中爲道皆無正訓各以意耳要以虛爲北方中星宿是日行之道故謂之北陸郭云虛星之名凡四者玄枵也虛也顓頊之虛也北陸也。營室謂之定室者營室一名定郭云定正也作宮室皆以營室中爲正詩鄘風云定之方中作于楚宮鄭箋云定星昏中而正於是可以營制宮室故謂之營室娵訾之口營室東壁也者娵訾營室壁之次也壁居南則在室東孫炎曰娵訾之歎則口開方營室東壁四方似口故因名也郭云營室

東壁星四方似口因名云由其營室與東壁相成故得正四方襄三十年左傳云歲在娵訾之口是也○降婁奎婁也者降婁奎婁之次名也孫炎曰降下也奎爲溝瀆故稱降也郭云奎爲溝瀆故名降者漢書天文志云奎曰封豨爲溝瀆是也案襄三十年左傳曰鄭公孫揮與裨竈晨過伯有氏其門上生莠子羽曰其莠猶在乎於是歲在降婁降婁中而旦裨竈指之曰猶可以終歲歲不及此次也已及其亡也歲在娵訾之口其明年乃及降婁是也○大梁昴也西陸昴也者大梁昴之次名也昴西方之宿名也昴又謂之西陸昭四年左傳云古者日在北陸而藏冰西陸朝覿而出之又十一年傳云歲及大梁蔡復楚凶是昴星之名凡三郭云昴西方之宿別名旄頭者天文志云昴曰旄頭胡星也是矣○濁謂之畢者畢西方之宿名一名濁郭云掩兔之畢或呼爲濁因星形以名詩小雅云有捄天畢毛傳云捄畢貌畢所以掩兔也特牲饋食禮曰宗人執畢鄭注云畢狀如叉蓋爲其似畢星取名焉然則掩兔祭器之畢俱象畢星爲之但掩兔之畢施網爲異爾○咮謂之柳柳鶉火也者柳南方之宿名南方七宿共爲朱鳥之形柳爲朱鳥之口故名咮咮即朱鳥之口也鶉火柳之次名也鶉即朱鳥也火屬南方行也因名其次爲鶉火襄九年左傳曰晉侯問於士弱曰吾聞之宋災於是乎知有天道何故對曰古之火正或食於心或食於咮以出內火是故咮爲鶉火心爲大火是也○北極謂之北辰者極中也辰時也居天之中人望之在北因名北極斗杓所建以正四時故云北辰論語云爲政以德譬如北辰是也○何鼓謂之牽牛者李巡云何鼓牽牛皆二十八宿名也孫炎曰何鼓之旗十二星在牽牛北也或名爲何鼓亦名牽牛如此文則牽牛何鼓一星也如李巡孫炎之意則二星今不知其同異也案漢書天文志牽牛爲犧牲其北河鼓河鼓大星上將左右將左右將亦以牽牛河鼓爲二星郭云今荊楚人呼牽牛星爲檐鼓檐者荷也順經爲說以時驗而言也○明星謂之启明者孫炎曰明星大白也出東方高三舍今曰明星昏出西方高三舍今曰太白郭云太白星也晨見東方爲启明昏見西方爲太白然則启明是太白矣詩小雅云東有啟明西有長庚長庚不知是何星也或以星出在東西而異名或二者別星未能審也○彗星爲欃槍者彗星一名欃槍漢書天文志云歲星贏而東南石氏見彗星甘氏不出三月迺生彗本類星末類彗長二丈贏東北石氏見覺星甘氏不出三月迺生天棓本類星末銳長四尺縮西南石氏見欃雲如牛甘氏不出三月迺生天槍左右銳長數丈縮西北石氏見槍雲如馬石氏不出三月迺生天欃本類星末銳長數丈石氏欃槍棓彗異狀其殃一也郭云亦謂之孛言其形孛孛似埽彗春秋左氏傳昭十七年冬有星孛于大辰西及漢申須曰彗所以除舊布新也公羊傳孛者何彗星也彗謂帚也言其狀似埽帚光芒孛孛然妖變之星非常所有故言孛又言彗也○奔星爲彴約者奔星即流星也一名彴約星名題上事也○

天文

矣子，將安如言皆歸往也諸侯有行文王之政者七年之內必爲政於天下矣今之諸侯如有能行文王之政者七年之間必足以爲政矣天以七紀故云七年文

王時難故久衰周時易故速也上章言大國五年疏孟子曰至必爲政於天下矣。正義曰此章言養老尊賢國之上務

者大國地廣人衆易以行善故五年足以治也七年爲政以勉諸侯者也孟子曰伯夷辟紂至養老者孟子言伯

夷辟紂之世乃辟紂而逃遁居於北海之畔後聞文王作興而起王道乃曰盍歸乎來歸周也我聞之西伯善養其耆老

者也太公辟紂至養老者孟子又言太公辟紂之亂而辟居於東海之畔後聞文王興起乃曰盍歸乎來歸周也我聞西

伯善養其耆老者也二老者天下之大老也至其子焉往者言伯夷太公二老乃天下之大老也猶父也而皆歸之是天

下之父歸之天下之父既歸之其爲天下之子又焉往是必皆歸之也。注伯夷讓國至歸周也。正義曰案太史公云

其傳曰伯夷叔齊孤竹君之二子也父欲立叔齊及父卒叔齊讓伯夷伯夷曰父命也遂逃去叔齊亦不肯立而逃之國

人立其中子於是伯夷叔齊聞西伯昌善養老盍往歸焉後因叩馬諫武王武平殷亂二人恥食周粟隱於首陽山且餓

死焉孔子云伯夷叔齊餓於首陽山之下是也又云太公望東海之上人也或云處士隱海濱周西伯招呂尚呂尚亦曰

吾聞西伯賢又善養老盍往焉。注云天以七紀故云七年。正義曰書云五紀曰歲月日星辰厤數今云七紀者案魯

昭公十年左傳云天以七紀杜

注云二十八宿四七是其[illegible]也

孟子

史文

天居十日
日之數十
表解而明也

天文

「天眼紀」

天眼十

附二十八宿圖七

天文

蟲獸在地而有象在天二十八宿分在四方方有七宿共成一象

東青龍
西白虎
南朱鳥
北玄武｜龜蛇

歲星天之貴神福德之星｜所在其國有福當福之衝其國有禍

傳二十八年春無冰梓愼曰今茲宋鄭其饑乎梓愼魯大夫今年鄭游吉宋向戌言之明年饑甚傳乃詳其事○梓音子**疏**注梓愼至其事○正義曰此年傳鄭游吉云歲之不易宋向戌云饑寒之不恤是今年言之也明年傳云鄭饑子皮餼國人粟於是宋亦饑子罕請於平公出公粟以貸是詳其事也**歲在星紀而淫於玄枵**歲歲星也星紀在丑斗牛之次玄枵在子虛危之次十八年晉董叔曰天道多在西北是歲歲星在亥至此年十一歲故在星紀明言乃當在玄枵今已在玄枵淫行失次○枵許驕反**疏**注歲歲至失次○正義曰左傳及國語所云歲在者皆謂歲星所在故云歲歲星也五星者五行之精也厤書稱木精曰歲星火精曰熒惑土精曰鎮星金精曰大白水精曰辰星此五者皆右行於天二十八宿則著天不動故謂二十八宿爲經五星爲緯言若織之經緯然也天有十二次地有十二辰丑子亥北方之辰也次之與辰上下相值故云星紀在丑玄枵在子釋天云星紀斗牽牛也玄枵虛也孫炎曰星紀日月五星之所終始也故謂之星紀虛在正北北方色玄故曰玄枵枵之言耗耗虛之意也漢書律厤志云星紀初斗十二度終於婺女七度玄枵初婺女八度終於危十五度是星紀爲斗牛之次玄枵爲虛危之次也九年傳稱晉侯問公生歲乃曰十二年矣是謂一終一星終也言歲星大率十二年而一周天也十八年晉董叔曰天道多在西北是言其年歲星在亥也歲星右行於天至此年十一年耳行未及周故此年歲星常法當在星紀明年乃當在玄枵今年已在玄枵是其淫行失次也漢書律厤志載劉歆三統厤術以爲歲星一百四十四年行天一百四十五次一千七百二十八年爲歲星歲數言數滿此年剩得行天一周也三統之厤以庚戌爲上元此年距上元積十四萬二千六百八十六歲置此歲數以歲星歲數一千七百二十八除之得積終八十二去之歲餘九百九十以一百四十五乘歲餘得十四萬三千五百五十以一百四十四除之得九百九十六爲積次不盡一百二十六爲次餘以十二除之得八十三去之盡是爲此年更發初在星紀也欲知入次度者以次餘一百二十六乘一次三十度以百四十四除之得二十六度餘是歲星本平行此年之初已入星紀之次二十六度餘當在婺女四度於法未入於玄枵也傳言淫於玄枵未知已在玄枵幾度此舉其大率耳而五星之次行有遲有疾有留伏逆順於厤法更自別有推步之術此不可詳也**以有時菑陰不堪陽**時菑無冰也盛陰用事而溫無冰是陰不勝陽地氣發洩○菑音災注同洩息列反下同**疏**注時菑至發洩○正義曰傳先言無冰乃載梓愼之語則梓愼之語爲無冰而發知時菑謂春無冰也言以有時菑者以此歲

襄廿八

五星—五行之精
木 火 土 金 水
歲星 熒惑 精曰鎮星 大白 辰星
右行于天—緯—大率十二年一周天且終（星紀日月五星所終始）
144年行天145次
1728 歲数
二十八宿—著天不動—經
天 十二次 地 十二辰 上下相直

星淫行之年而有天時温煖之菑四時之序冬月當寒故温則爲菑害也冬月盛陰用事陰寒在地當遏陽使不出時應寒而溫無冰是陰陽相競陰氣不能勝陽故陽氣出地地氣發洩而使時溫無冰也歲星自淫行天時自溫暖其溫不由歲星梓愼以其年有二事而揔言其占耳服虔云歲爲陽玄枵爲陰歲乘陰進至玄枵陰不勝陽故溫無冰按下云蛇乘龍乃謂玄枵乘歲星非歲星乘玄枵也若必以此無冰謂歲乘玄枵所致則成元年春無冰者豈謂歲星乘玄枵乎成十六年雨木冰者復是玄枵乘歲星也

蛇乘龍蛇玄武之宿虛危之星龍歲星歲星木也木爲青龍失次出虛危下爲蛇所乘○宿音秀下同

疏 注蛇玄至所乘○正義曰蟲獸在地而有象在天二十八宿分在四方方有七宿共成一象東方爲青龍之象西方爲白虎之象皆南首北尾也南方爲朱鳥之象北方爲玄武之象皆西首東尾也曲禮說軍陳象物云行前朱鳥後玄武左青龍右白虎是玄武在北方也龜蛇二蟲共爲玄武故蛇是玄武之宿虛危之星也七星共爲玄武但歲星淫行在虛危之分故特指虛危言之耳傳言蛇乘龍龍卽歲星也歲星木精木位在東方東方之宿爲青龍之象故歲星亦以龍爲名焉龍行疾而失次出於虛危宿下龍在下而蛇在上是龍爲蛇所乘也歲星天之貴神福德之星今被乘勢屈是不能祐其本國之象故知宋鄭饑也

龍宋鄭之星也歲星本位在東方東方房心爲宋角亢爲鄭故以龍爲宋鄭之星○亢音剛又若浪反

疏 注歲星至之星○正義曰歲星屬木木位在東方東方之次皆是龍分天之分野卯爲大火辰爲壽星大火房心爲宋分壽星角亢爲鄭分故龍爲宋鄭之星也然則寅爲析木之津析木燕之分野梓愼言不及燕別當有以知之非吾徒所能測也

宋鄭必饑玄枵虛中也玄枵三宿虛星在其中**枵秏名也土虛而民秏不饑何爲**歲爲宋鄭之星今失常淫入虛秏之次時復無冰地氣發洩故曰土虛民秏○秏呼報反復扶又反

疏 枵秏至何爲○正義曰枵聲近秏故枵是秏之名也次有三宿虛爲其中土虛不實而人民秏損不饑何爲也地氣發洩而使時溫無冰即是土虛之事也於時魯國無冰是魯亦地氣發洩下子服惠伯云飢寒之不恤是魯亦饑矣經不書饑饑當差於宋鄭故梓愼唯言宋鄭饑耳

裨竈曰今茲周王及楚子皆將死裨竈鄭大夫○裨避支反**歲棄其次而旅於明年之**

襄廿八

次以害鳥帑周楚惡之旅客處也歲星棄星紀之次客在玄枵歲星所在其國有福失次於此禍衝在南南爲朱鳥鳥尾曰帑鶉火鶉尾周楚之分故周王楚子受其咎俱論歲星過次梓愼則曰宋鄭饑裨竈則曰周楚王死傳故備舉以示卜占惟人所在○帑音奴惡如字一音烏路反衝尺容反分扶問反

疏 注旅客至所在○正義曰易有旅卦傳言羇旅旅皆是客故爲客處也歲星常行之度此年當在星紀星紀是其所居之次也今歲星棄其所居星紀之次乃客處在於明年所居之次言其未應往而往向彼玄枵之次爲客寄也昭三十二年傳云越得歲而吳伐之必受其凶是歲星所在其國有福當福之衝其國有禍今失次於北故禍衝在南子午之位南北相衝淫於玄枵衝當鶉火南方爲朱鳥之宿帑者細弱之名於人則妻子爲帑於鳥則鳥尾曰帑妻子爲人之後鳥尾亦鳥之後故俱以帑爲言也天之分野鶉火周分鶉尾楚分歲星之衝當此周楚之分故周王楚子受其咎也歲星客在玄枵惟衝鶉火而鶉尾亦有咎者蓋以歲星漸西衝則漸東尾之於鳥猶是一身故衝其身而及其尾此則裨竈能知亦非吾徒所測也此與上文俱論歲星過次所占不同其事俱驗而已明兩載之是傳故備舉以示卜占效驗惟人所在言其知之在於人各自有意見也

天文

2114

日食不书朔日

傳十五年春楚人伐徐徐卽諸夏故也三月盟于牡丘尋葵丘之盟且救徐也葵丘盟在九年○夏戸雅反下注同孟穆伯帥師及諸侯之師救徐諸侯次于匡以待之○夏五月日有食之不書朔與日官失之也疏夏五月至失之○正義曰桓十七年已有例此重發者沈氏云彼直不書日今朔日皆不書故重發之○秋伐厲以救徐也

傳吉

200

天文

觀臺　分至啓閉必書雲物——其學已

傳五年春王正月辛亥朔日南至周正月今十一月冬至之日日南極公既視朔遂登觀臺以望而書禮也視朔親告朔也觀臺臺上構屋可以遠觀者也朔旦冬至曆數之所始治曆者因此則可以明其術數審別陰陽敘事訓民魯君不能常脩此禮故善公之得禮○登觀古亂反注同臺以望絕句而書本或作而書雲物非也別彼列反凡分至啓閉必書雲物分春秋分也至冬夏至也啓立春立夏閉立秋立冬雲物氣色災變也傳重申周典不言公者日官掌其職○重直用反爲備故也素察妖祥逆爲之備

疏辛亥至備故也○正義曰辛亥朔者月一日也日南至者冬至日也天子班朔於諸侯諸侯受而藏之於大祖廟每月之朔告廟受而行之諸侯有觀臺所以望氣祥也公既親自行此視朔之禮遂以其日往登觀臺之上以瞻望雲及物之氣色而書其所見之物是禮也凡春秋分冬夏至立春立夏爲啓立秋立冬爲閉用此八節之日必登觀臺書其所見雲物氣色若有雲物變異則是歲之妖祥既見其事後必有驗書之者爲豫備故也視朔者月朔之禮也登臺者至日之禮也公常以一日視朔至日登臺但此朔郎是至日故視朔而遂登臺也○注周正至南極○正義曰日之行天有南有北常立八尺之表以候景之短長夏至之景尺有五寸日最長而景最短是謂日北至也自是以後日稍近南冬至之景一丈三尺日最短而景最長是謂日南至也冬至者十一月之中氣中氣者月半之氣也月朔而已得中氣是必前月閏閏前之月則中氣在晦閏後之月則中氣在朔閏者聚殘餘分之月其月無中氣半屬前月半屬後月是去年閏十二月十六日已得此年正月朔大雪節故此正月朔得冬至也而杜長麻傳元年閏十一月此年閏十二月又閏之相去麻家大率三十二月耳杜於此閏相去凡五十月不與麻數同者杜推勘春秋日月上下置閏或稀或概自準春秋時法故不與常麻同○注視朔至得禮○正義曰視朔者公既告廟受朔卽聽視此朔之政是其親告朔也禮天子曰靈臺諸侯曰觀臺釋宮云四方而高曰臺臺上構屋可以遠觀望故謂之觀臺也古之爲麻者皆舉其大數周年有三百六十五日四分日之一分爲十二月則一月各有三十日十六分日之七是故從前月初節至後月初節必三十日有餘也其日月之行天也日行遲月行疾每二十九日過半而月及日謂之一月故從朔至朔唯二十九日過半耳計一歲則有餘十一日而不得周年故作閏月以補之計十九年而有七閏古麻十九年爲一章以其閏餘盡故也步麻之始以朔旦冬至爲首麻之上元其年是十一月朔旦冬至至十九年閏餘盡復得十一月朔旦冬至故以十九年爲一章積章成部積部成紀治麻者以此章部爲法因此可以明其術數推之而知氣朔也審別陰陽寒暑不失其時也所以陳敘時事教訓下民魯君不能常脩此事故善公之得禮也○注分春至其職○正義曰一年分爲四時時皆九十餘日春之半秋之半晝夜長短等晝夜中分百刻故春秋之半稱春秋分也冬之半夏之半晝夜長短極極訓爲至故冬夏之半稱冬夏至也四時之氣寒暑不同春夏生物秋冬殺物生物則當啓殺物則當閉故立春立夏爲啓立秋立冬爲閉言物謂氣色者謂非雲而別有氣色杜恐與雲相亂故別云氣色也周禮保章氏以五雲之物辯吉凶水旱降豐荒之祲象鄭玄云物色也視日旁雲氣之色降下也知水旱所下之國鄭衆云以二至二分觀雲色青爲蟲白爲喪赤爲兵荒黑爲水黃爲豐鄭衆之此言蓋出占

僖五

候之書計雲氣之占不啻盡此而已但世絕其學故莫能知焉左傳諸所發凡皆是周之舊典既言禮也更復發凡是重申周典也直言必書雲物不更云公是日官掌其職非公所當視也劉炫規云書雲物亦是公親爲之但上文有公既視朔故下文去公字耳今刪定知不然者上言公既視朔是傳家之語下云必書雲物是周公舊凡舊凡之文包諸侯天子若諸侯稱公書雲物則天子當稱王書雲物是知舊凡元無王公之文日官掌其事若以上文有公既視朔故知公字然則周公舊凡豈豫知自公既視朔沒去公字乎苟生異見妄規杜氏非也

天文

不言月食日而以自食爲文也。朔望不常有食　食有上下

日月食常在望朔　朔望

日月之說古今不同

○夏齊侯衛侯胥命于蒲

左桓三

申約言以相命而不歃血也蒲衛地在陳留長垣縣西南○約如字又於妙反歃所洽反垣音袁○六月公會杞侯于郕○秋七月壬辰朔日有食之

左桓三

既無傳既盡也厤家之說謂日光以望時遙奪月光故月食日月同會月奄日故日食食有上下者行有高下日光輪存而中食者相奄密故日光溢出皆既者正相當而相奄間疏也然聖人不言月食日而以自食爲文闕於所不見○疏注既盡至不見○正義曰食既者謂日光盡也故云既盡也月體無光待日照而光生半照即爲弦全照乃成望望爲日光所照反得奪月光者厤家之說當日之衝有大如日者謂之闇虛闇虛當月則月必滅光故爲月食張衡靈憲曰當日之衝光常不合是謂闇虛在星則星微遇月則月食是言日奪月光故月食也若是日奪月光則應每望常食而望亦有不食者由其道度異也日月異道有時而交交則相犯故日月遞食交在望前朔則日食望則月食交在望後望則月食後月朔則日食交正在朔則日食既前後望不食交正在望則月食既前後朔不食大率一百七十三日有餘而道始一交非交則不相侵犯故朔望不常有食也道不正交則日斜照月故月光更盛道若正交則日衝當月故月光即滅譬如火斜照水日斜照鏡則水鏡之光旁照他物若使鏡正當日水正當火則水鏡之光不能有照日之奪月亦猶是也日月同會道度相交月揜日光故日食日奪月光故月食言月食是日光所衝日食是月體所映故日食常在朔月食常在望也食有上下者行有高下謂月在日南從南入食南下北高則食起於下月在日北從北入食則食發於高是其行有高下故食不同也故異義云月高則其食虧於上月下則其食虧於下也日月之體大小正同相揜密者二體相近正映其形故光得溢出而中食也相揜疏者二體相遠月近而日遠自人望之則月之所映者廣故日光不復能見而日食既也日食者實是月映之也但日之所在則月體不見聖人不言月來食日而云有物食之以自食爲文闕於所不見也

十三經注疏

春秋左傳六　桓公三年

一

139

天文

三辰

三辰旂旗昭其明也三辰日月星也畫於旂旗象天之明疏注三辰至之明正義曰春官神士掌三辰之法鄭玄亦以爲日月星也謂之辰辰時也日以照晝月以照夜星則運行於天昏明遞帀而互所以示民早晚民得以爲時節故三者皆爲辰也三辰是天之光明照臨天下故畫以旌旗象天之明也九旗之物唯日月爲常不言畫星者蓋大常之上又畫星也穆天子傳稱天子葬盛姬建日月七星蓋畫北斗七星也案司常交龍爲旂熊虎爲旗不畫三辰而云三辰旂旗者旂旗是九旗之總名可以統大常故舉以爲言也夫德儉而有度登降有數登降謂上下尊卑文物以紀之聲明以發之以臨照百官百官於是乎戒懼而不敢易紀律今滅德立違謂立華督違命之臣而寘其賂器於大廟以明示百官百官象之其又何誅焉國家之敗由官邪也官之失德寵賂章也郜鼎在廟章孰甚焉

天文

震雷也 電霆也

○三月癸酉大雨震電震雷也電霆也。電徒練反霆徒丁反又徒頂反 疏 震雷也電霆也。釋曰說文云震霹靂也陰擊陽爲電電者即雷之光與此傳異者易說卦震爲雷故何休亦以震爲雷霆者霹靂之別名有霆必有電故傳云電霆也或當電霆爲一也 ○庚辰大雨雪志疏數也八日之間再有大變陰陽錯行故謹而日之也劉向云雷未可以出電未可以見雷電既以出見則雪不當復降皆失節也雷電陽也雨雪陰也雷出非其時者是陽不能閉陰陰氣縱逸而將爲害也○雨于付反數色角反向舒亮反見賢徧反復扶又反 疏 志疏數也。釋曰謂災有遠近遠者爲疏近者爲數也。注劉向至害也。釋日何休云夏之正月未可大雨震電此陽氣大失其節猶隱公久居其位不反於桓失其宜也異發於九年者陽數可以極而不還國於桓之所致大雨雪者盛陰之氣大怒此桓將怒而弒隱公之象劉向之言與何休意不甚異但取變異之象少差耳 雨月志正也雨得其時則月 疏 注雨得其時則月。釋日雨得其時則月者若僖三年夏六月雨是也

穀隱九

天文

斗有環域

秋七月有星孛入于北斗孛之爲言猶茀也其曰入北斗斗有環域也據孛于大辰及東方皆不言入此言入者明斗有規郭入其魁中也劉向曰北斗貴星人君之象也茀星亂臣之類言邪亂之臣將並弑其君○孛步內反茀李軌扶憤反徐邈扶勿反一音步勿反又音弗邪俄

天文

蝕食

○夏公至自晉○秋晉欒盈出奔楚○九月庚戌朔日有食之○冬十月庚辰朔日有食之疏日有食之○釋曰此年頻月二十四年皆頻月日食據今歷有無頻食之理但古或有之故漢書高帝本紀亦有頻食○曹伯

朔○朝直遥反

襄廿一

天文

雖晏猶晴

韓小亭所收小翰札　陸垚

天文

九野（九天之名） 五星（五帝） 八風 二十八宿 五官六府

紫宮 太微 軒轅 咸池 四守 天阿

熒惑 歲星與星辰

八風與節氣之交

斗 日月一度

元紀一 四紀五百二十歲

刑德

陰陽刑德乃七舍

二十四

小歲　大歲　小時　大時

十二六律

日辰

帝張四維運之以斗月徙一辰復反其所

招搖杓、、、、

日辰衆

辰五木火、、、、

星辰建

星月之度

四時方分別

一歲二移所在

三歲一轉六歲一徙、、、、

歲月日時

北斗神乃斗柄

天神最尊者

測影之術

天文

周天度數日月行度

天文古書以後成之亦曆算都法

天文

每年紀風行八綫兩不離（旁注：八風）

又八節

天文

古能字三台字

故人不耐無樂

樂不耐無形形而不爲道不耐無亂形聲音動靜也耐古書能字也後世變之此獨存焉古以能爲三台字。耐古能字下及注同台味才反疏故人至無亂○此一節明人稟自然之性而有喜樂。故人不耐無樂者言人感五常之性自然之常若見好事內心不能無喜樂也。樂不耐無形者內既歡樂不能無形見於外謂聲音動靜而見於外也。形而不爲道不耐無亂者歡樂既形於外而不依道理或歌舞不節俾晝作夜是不依道理既不爲道不能無淫亂之事以至於亡國喪家也。注耐古至台字。正義曰言經之耐字是古書能字之義言古書能字皆作耐字云後世變之者言後世以來變耐爲能不作耐字也云此獨存焉者言此樂記獨存耐字以爲能也云古以能爲三台字者言古時以今能字爲三台之字是古者之耐字爲今之能字能字爲三台之字後世以來廢古耐字以三台之能替耐字之變而爲能也又更作三台之字是今古變也

史記

天文

鄭作文

帝嚳能序星辰以著衆

天文

分野

一 隋書解天文志元氏說好、補注十三六八

天文

甘石

隋志作甘氏石氏　宋志石申甘德　律曆志

史記作石申夫人　夫人者同　正義誤斷夫人字

唐志同精　宋志同誤也

天文

星數——自大有之小無 自小無之大有

漢書補注天文志 積數七百八十三星上下

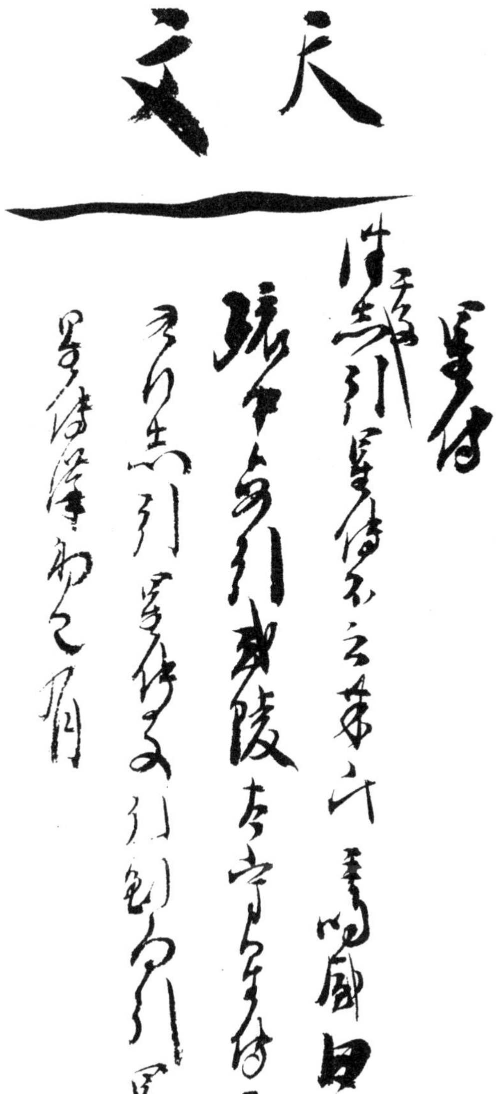
天文
星傳

天文

[illegible]

天文

漢人言十二辰當詳風角家

漢紀補注二十一下栝木條下廿二頁

天文

天圖

尚書帝命驗：夏桀無道，殺關龍逢，絕滅皇圖，壞亂歷紀。鄭玄曰：天之圖形，謂龍逢……所以讀錄也。

天文

天文鈔 校書方丙平置

北府刺史著第三卷

地理

分野

唐新書志 天文一 渾象 二十八宿圖 二十八卷

補注

天文

大史正歲年以序事頒之于官府　頒告朔于邦國

中數　歲

朔數　年——節氣　大小不齊正之以閏

日一日行一度　月十三度十九分之七

一氣十五日

正歲年以序事頒之于官府及都鄙中數曰歲朔數曰年中朔大小不齊正之以閏若今時作曆日矣定四時以次序授民時之事春秋傳曰閏以正時時以作事事以厚生生民之本於是乎在○數所主反下同　疏正歲至都鄙○釋曰云正歲年者謂造曆正歲年以閏則四時有次序依曆授民以事故云以序事也云頒之于官府及都鄙者官府據在朝都鄙據三等采地先近及遠故先言官府次言都鄙下乃言邦國○注中數至乎在○釋曰云中數曰歲朔數曰年者一年之內有二十四氣正月立春節啓蟄中二月雨水節春分中三月清明節穀雨中四月立夏節小滿中五月芒種節夏至中六月小暑節大暑中七月立秋節處暑中八月白露節秋分中九月寒露節霜降中十月立冬節小雪中十一月大雪節冬至中十二月小寒節大寒中皆節氣在前中氣在後節氣一名朔氣朔氣在晦則後月閏中氣在朔則前月閏節氣有入前月法中氣無入前月法中氣帀則爲歲朔氣帀則爲年假令十二月中氣在晦則閏十二月十六日得後正月立春節此即朔數曰年至後年正月一日得啓蟄中此中氣帀此即是中數曰歲云中朔大小不齊正之以閏者周天三百六十五度四分度之一日一日行一度月一日行十三度十九分度之七二十四氣通閏分之一氣得十五日二十四氣分得三百六十度仍有五度四分度之一一度更分爲三十二五度爲百六十四分度之一者又分爲八分通前爲百六十八分二十四氣分之氣得七分若然二十四氣氣有十五日七分五氣得三十五分取三十二分爲一日餘三分推入後氣即有十六日氣者十五日七分者故云中朔大小不齊正之以閏者月有大小一年三百五十四日而已自餘仍有十一日是以三十三月已後中氣在晦不置閏則中氣入後月故須置閏以補之故云正之以閏是以云若今時作曆日矣云定四時以次序者堯典以閏月定四時解經中序故云定四時以次序云授民時之事者亦取堯典敬授民時解經中事春秋傳曰者文公六年冬閏月不告朔非禮也閏以正時時以作事事以厚生生民之道於是乎在不告閏朔棄時正也何

以爲民彼譏文公不告閏朔**頒告朔于邦國**天子頒朔于諸侯諸侯藏之祖廟至朔朝于廟告而受行之鄭司農云頒讀爲班班布也以十二月朔布告天下諸侯故春秋傳曰不書日官失之也引之者證閏歲年之事也

【疏】注天子至之也○釋曰鄭云天子班朔於諸侯諸侯藏之於祖廟者按禮記玉藻諸侯皮弁聽朔於大廟大祖即祖廟也至朔朝於廟告而受行之者諸侯約天子故縣之於中門而日斂之藏之於祖廟日月用羊告而受行之此經及論語稱告朔玉藻謂之聽朔春秋謂之視朔視朔者人君入廟視之告者使有司讀祝以言之聽者聽治一月政令所從言之異耳鄭司農云以十二月朔布告天下諸侯者言朔者以十二月厤及政令若月令之書但以受行號之爲朔故春秋傳曰者還是桓十七年傳文春秋之義天子班厤於諸侯日食書日不班厤於諸侯則不書日其不書日者猶天子日官失之不班厤引之證經天子有班告朔之事

周官古史

天文

董備　武陵太守星傳

皆見大宗伯疏引

星辰

諸文皆合解。惟大宗伯注：星謂五緯，辰謂日月所會十二次。疏云：是據日月會時而言。辰即二十八星也。見昭七年左氏傳。晉侯問伯瑕曰：何謂六物？對曰：歲、時、日、月、星、辰，是謂也。公曰：多語寡人辰而莫同，何謂辰？對曰：日月之會是謂辰，故以配日其事」。又謂之宿，謂之次，亦謂之房。

天文

五緯

中五星　東歲星　南熒惑　西太白　北辰星　中央填星　二十八宿隨天左轉而經右旋為緯

天文

「天開縣物」

漢書天文志 孟康曰謂天裂而見物象也

天文

天官

史記索隱一案天文有五官官者星官也星座有尊卑若人之官曹列位故曰天官

天文

四游升降

赤靈耀文見有徒星之異蹟

天文

十二年爲一終一星終也（左襄九　杜注謂歲星十二年一周天）

日月之會是爲辰（左昭七）

天文

渾儀之制，未詳厥始。鄭玄以璣衡當之，非是。西漢已有。宋元嘉鑄之（宋書天文志，廿三，四下）。

蓋天之說，出於周髀。晉成帝時，虞喜造安天論。喜族祖聳立穹天論。吳太常姚信造昕天論。昕同軒，云天月寒，依於渾，又依於蓋（宋書天文志，廿三，五上）。案晉志所載較宋爲詳。

星光並相連，日流繞並而出日寄（同上，廿三，九上）。

梁書儒林傳崔靈恩，先是儒者論天，互執渾蓋二義。論蓋不合於渾，論渾不合於蓋。靈恩立義，以渾蓋爲一焉（同，八下）。

月行九道，見宋書歷志（十三，九上）。

曆法

晉書刑法志：改諸郡不得自擇伏日，所以齊風俗也。（新律）（四〇上）

晉書武帝紀：泰始元年，改景初曆為泰始曆，臘以酉，社以丑。（三上）

又，二年正月……庚寅，罷雞鳴鼓。（三上）

又禮志：漢儀，季春上巳，官及百姓皆禊於東流水上，洗濯祓除去宿垢。而自魏以後，但用三日，不以上巳也。（四〇上）書此以三日，可曉干支雜紀，知晉時人已不以干支紀日矣。

又杜預傳：預以時曆差舛，不應晷度，奏上二元乾度曆，行於世。（卅四上）

又石勒載記：從平令師懽獲黑兔，獻之於勒。程遐等以為勒龍飛革命之祥，於晉以水承金。兔陰精之獸，玄為水色。此示殿下宜速

副天人之望也。於是大赦。以咸和三年改年曰太和。（四至廿）

宋書武帝紀：永初元年六月丁卯，改晉泰始曆為永初曆。（三之一）杜以為臘以為 南史一上

又文帝紀：元嘉二十二年，春正月辛卯朔，始用御史中丞何承天元嘉新曆。（五紀）南史二上下

魏晉至及後魏曆，見宋書禮志。（十四上）

孝武帝頒夏殷周魯六曆，推日食。（十四下）同上

齊書高帝紀：建元元年五月，改元嘉曆為建元曆。宋德國印綬未。以正月卯祖，十二月未臘。（二之上）南史四下

又百官志：衛尉。府置丞一人。掌宮城管籥。張衛兵屯甲。衛尉八也。𤰞夜巡警。宮城諸郤敵樓上本施鼓，持夜者以應更唱。太祖

以鼓多驚眠。改以鐵磬云。」（十六叶）

梁書傅昭傳：（十七）「隨外祖於朱雀航賣曆也。」（卅六后）（至小）南史

陳書世祖本紀[illegible]一夜內刺閨取外事分判者，並相續

每雞人伺漏，傳更籤於殿中，乃敕送者必投籤於階石之上，令

鎗然有聲，云『吾雖眠，亦令驚覺也。』」（三叶）

漏刻經候，今古不同。隋書天文志（卅三頁）

南史何承天傳：「又改定元嘉曆，漏刻用二十五箭。皆從之。」（卅三叶）（宋書曆志）（十三 9上）

南史文學傳上伸[illegible]學：「好學，讀書常以中宵鐘鳴為限。」（七二叶）

又祖沖之：「元嘉中，用何承天所製曆，比古十一家為密，沖之以為

尚疏，乃更造新法，上表言之。孝武令朝士善曆者難之，[illegible]不能

歷。會帝崩而施行。（七上）子暅之。又所改以何承天曆。時尚未行。梁天監初。暅之更修之。於是始行焉。（五下）

漢靈帝時劉洪作乾象曆。鄭玄受其法。晉書律曆志（十七上）魏文帝太史丞韓翊造黃初曆。多用洪法。（十七上）明帝時尚書郎楊偉造景初曆。行之。建丑正。崩復夏正。晉因魏初曆改名泰始。（十七上）

顓頊曆以正月爲元。正月朔旦立春。殷曆更以冬至爲首。周魯及漢曆從之。晉書律曆志（十七上）

漢儀。每月旦。太史上其月曆。有司侍郎尚書見。讀其令。奉行其正朔。晉書禮志（十九上）

月位稱建。諒以氣之所本名。隨實著。非謂斗杓所指。宋書曆志（十二下）

漢以前常十月定奏正為歲首武帝時改為正　梅常習令稱爲制

至元日受萬國及百寮稱賀因小會宋永初八年始停廢至使

郡縣遣至使詣州及都督府并亦同[redacted]停　宋書禮志（十四9上）

渾儀之制未詳厥始鄭玄以璣衡當之非是　西漢已有　宋之

嘉鑄之　宋書天文志（二三27上）

戴法興論古曆可疑　宋書曆志（十三14下）

祖沖之議何承天簡略　宋書曆志（十三15下）　未及施用（十三9上）[redacted]

宋用何承天所撰[redacted]之嘉曆　宋書曆志（十三18下）[redacted]

晉改魏初曆為泰始曆　同上（十三17下）

孫氏用乾象曆晉未改曆晉書皆云仍用八年　同上（十三17下）

光和中劉洪造乾象曆，黄初中韓翊造黄初曆，明帝時楊偉制景初曆，用於晉宋。（宋書曆志）（十二頁下）

何承天言三統之疏，楊雄太玄之謬，擣之。同上（十二 21）以考之法，乃則以天經三百年朔差一日，章歲十九年為疏，大甚。宋書曆志（十三 22上）

鼓鑄既路用鐵錯。宋書百官志衛尉（廿六 14上）

宮內不聞端門鼓漏，置鐘景陽樓上。宋書皇后傳（卌 9上）

魏行正光曆。魏書肅宗正光三年十一月（九 6上）

高謙之修曆。魏書本傳：以時所行曆多未盡善，乃更改元修撰為一家之法，雖未行於世，識者歎其多能。（七七 10下）

干支陰陽。干以甲丙戊庚壬為陽乙丁己辛癸為陰支以子寅辰午申戌為陽丑卯巳未酉亥為陰（通鑑宋文帝元嘉六年注（胡注））

三元。玉燭寶典曰正月為端月其一日為上日亦云三元謂歲之元月之元時之元也（通鑑齊明帝建武三年注（胡注））

中晡。日加申為晡中晡正申時也（通鑑晋安帝義熙八年注（胡注））

大餘小餘。史記曆書曰大餘者日也小餘者月也周天三百六十五度四分度之一日日行一度十二月而一周天歲十二月月三百五十四日以六除之五六三百日餘五十四日為大餘周天三百六十五度以六甲除之六六三百六十餘五為大餘小餘即四分之一未滿日之分數也其分每滿三十二則成一

日蓋奇，日而大餘奇分而小，餘積而成閏也。通鑑宋文帝元嘉二十一年注（[illegible]）

一夜何故分五更。五更亦曰五夜，亦曰五鼓。顏氏家訓書證篇（下此）

河北多曉算術，江南推祖暅。顏氏家訓（雜藝）

曆法

日謂甲乙辰謂寅卯口九歌吉日兮辰良注蓋古或以一晝夜分
爲の節耶

天之色由大氣中含有雜質。空氣中所含礦物雜質極多，無畏
上無純粹之空氣、、、、、遠處不可見，光亦不特清像
大氣純粹，天即無色，不特無虹，今天之所以現之色由其屢

天閣眼之新聞

中央研究院徵往雖窮縣某家聞右之學術者已道遠來據諸君家信某實年甚事諒鄉民眾竟人稀此石降萬以不數日吾即至諸處荒唐談論所六經蓋年其事寫寺遣

卅三 十一、七 申

律曆

古者以春、秋冬至月日為歲首。民間則以正月、朔為之始也

天文

封貴見八筐

東方廿七·七

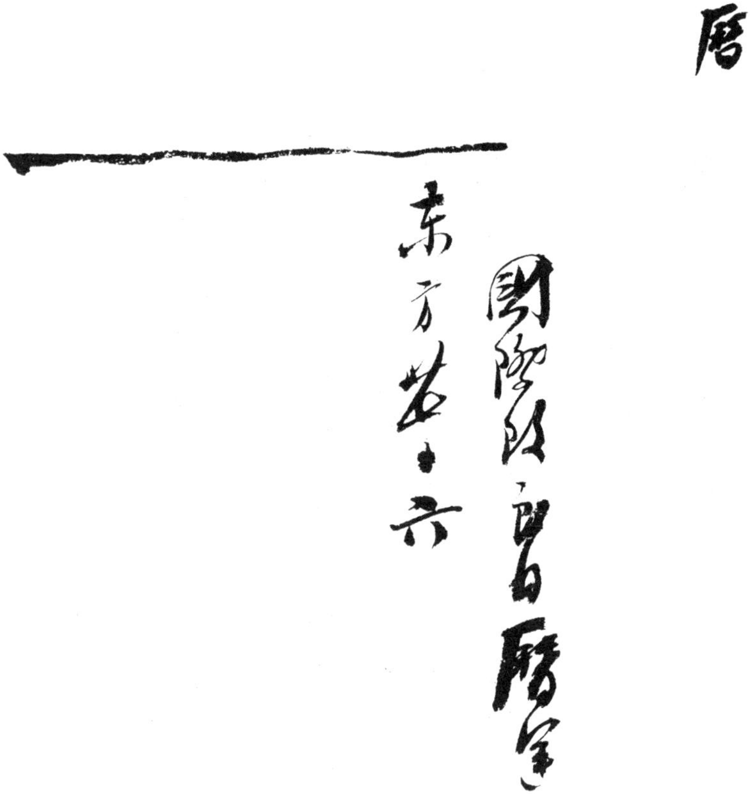
曆

十八年國民政府通飭各省以本月九日十二日可停假
期
其年五月江蘇省[illegible]　年月既過再因住江浙戰事令該以
育局以各學校學程不三期行轉付于下月底
十月一日各省政府名多有詳言人之　住討論其他假印
議耳　因其蘇省通
共和
諸年　然義務之
由秋　社稷同國
年　世局唐告

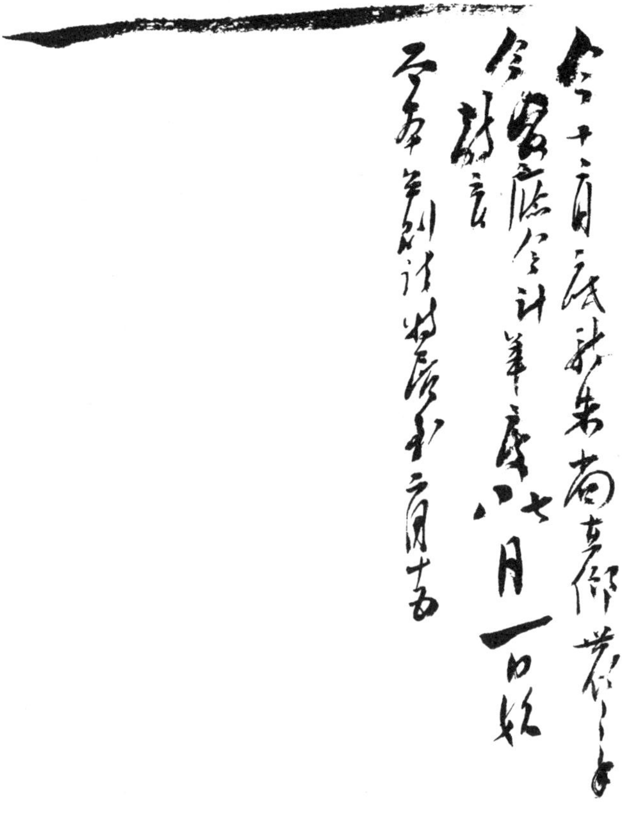

漢書應申得行其策

東方朔傳

同發号信記

東方 21/10

此底

秦初官同

大詆唐以後本紀論贊一段寫出之、、初

志閏月

秦以十月為歲首，何稱建寅之月為正月

六國仍以十月為正，所係秦記，東萊追改

年稱漢高紀上元年春正月

上下

此啟

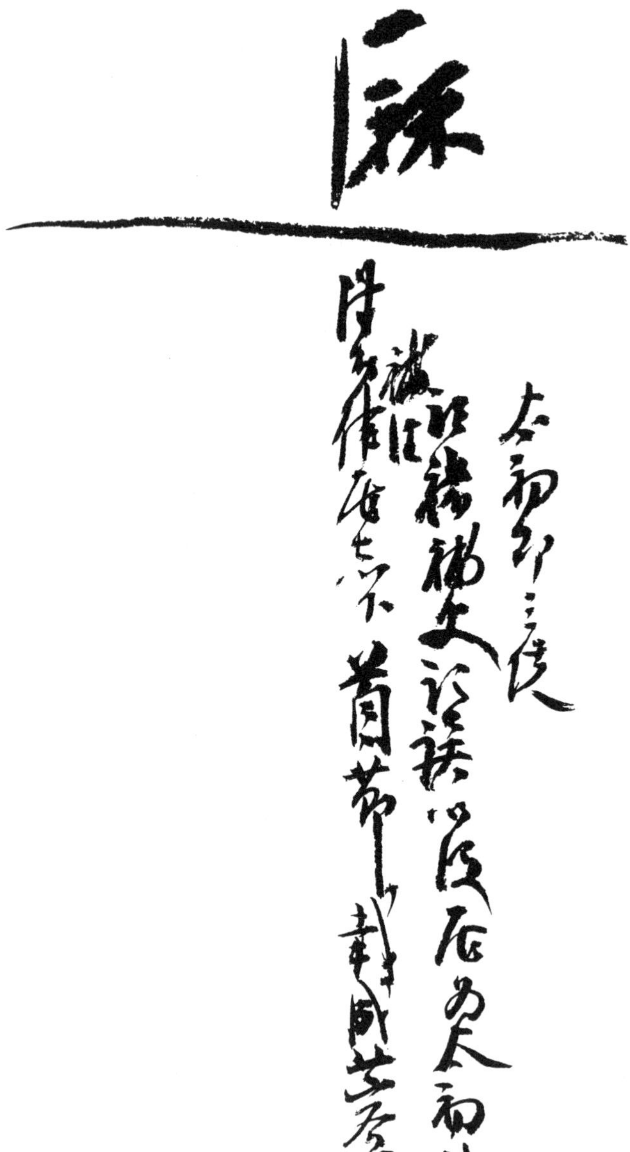

天文

承示蘇頌作儀象之宋史天文志

之詳，宜取而觀之。若九州[illegible]宋作儀象，何宋所作[illegible]，可遍不合以

欲考蘇頌之法者，宜見本傳。

宋史[illegible]儀象[illegible]言可以[illegible]一時多[illegible]

[illegible]兩極度也，南北[illegible]出地度數，測驗[illegible]二十

之表[illegible]郭守敬之[illegible]手札附寄[illegible]造儀

[illegible]

四月

歷

以十二支紀年，不知其所自始。然其起原必甚古，虞書雖不可據，

擬以十二物紀年。以歲在實則曰是年，以歲首所在紀歲三者爲

一時，而以鍾律紀時者，隋書律歷志亦有所年以月十日外安語究厥

不知年歷，惟以草青爲記，蓋亦近理。惟未知古捺何之方故耳。

華物種植草木，黃藏及萌芽茂盛，以見春秋之節耳。

曆法

明之大統曆即元之授時曆，用二百七十餘年未嘗修改。成化以後交食推之不驗，於是崇禎中（二年）開局修曆，命徐光啟督修曆事，未成而卒，以李天經成其事，成書若干卷推修。居中光啟等奏舉李之藻及西洋人龍華民、鄧玉函（玉函卒，又徵西人湯若望、羅雅谷）參預曆事，光啟病辭，由李天經代之。凡八年成書若干卷，而未及行。清之兵入關，用其書，名之曰時憲曆（行二百年始改）。康熙四年以楊光先攻曆，乃罷，八年後用

月令

隋[illegible]志：[illegible]四[illegible]記為一[illegible]二十二[illegible]

二十二篇爲記以爲第[illegible]中[illegible]立春一日則[illegible]

[illegible]之立春日如以[illegible]列[illegible]之速用韓平

所[illegible]新著之[illegible]之

（[illegible]與此四字[illegible]）

禮威儀每月朔旦太史上其月曆有司侍郎尚書見讀其令奉行其政朔前後各二日皆牽羊酒至社下以祭日日有變割羊以祠社用救日日變執事者冠長冠衣皂單衣絳領袖緣中衣絳袴袜以行禮如故事公羊傳曰日有食之鼓用牲于社求乎陰之道也以朱絲縈社或曰脅之或曰爲闇恐人犯之故縈之也何休曰脅之與責求同義社者土地之主也月者土地之精也上繫於天而犯日故鳴鼓而攻之脅其本也朱絲縈之助陽抑陰也或曰爲闇者社者土地之主尊也爲日光盡天闇冥恐人犯歷之故縈之然此說非也先言鼓後言用牲者明先以尊者命責之後以臣子禮接之所以爲順也白虎通曰日食必救之陰侵陽也鼓攻之以陽責陰也故春秋日食鼓用牲于社所以必用牲者土地別神也尊之不敢虛責也日食大水則鼓用牲大旱則雩祭求雨非虛言也助陽責下求陰之道也決疑要注曰凡救日食皆著赤幘以助陽也日將食天子素服避正殿內外嚴日有變伐鼓聞音侍臣著赤幘帶劍入侍三臺令史已下皆持劍立其戶前衛尉卿驅馳繞宮察巡守備周而復始日復常乃皆罷之

立春之日夜漏未盡五刻京師百官皆衣青衣郡國縣道官下至斗食令史皆服青幘立青旛施土牛耕人于門外以示兆民至立夏唯武官不立春之日下寬大書曰制詔三公方春東作敬始慎微動作從之罪非殊死且勿案驗皆須麥秋退貪殘進柔良下當用者如故事月令曰命相布德和令蔡邕曰即此詔之謂也獻帝起居注日建安二十二年二月壬申詔書絕立春寬緩詔書不復行

呂佳

唐御定月令

見路史餘論唐書月令篇

二·十七

收信表

日期	月 日	月 日	月 日	月 日	月 日	月 日	月 日	月 日	月 日	月 日	月 日	月 日	月 日	月 日	月 日
人名															
地址															
事由															
備考															

奉令以測量[illegible]對於西藏
此次派員赴西康南川購田[illegible]
[redacted]先生派　周宗虎即日赴藏
保護之地　並時入藏代氣象
俾氣象測理得由此轉為
至日地盡氣候之氣象和上
故擬西南有事以此分之

南　五月中旬｜六月中旬

中　六月中旬｜七月中旬

七月廿日以北雨稍多，故[illegible]中國梅雨前後七月中旬而梅季止耳

今[illegible]梅[illegible]因[illegible]中[illegible]而已

收信表

日期	收信數	人名	地址	事由	備考
月　日					

圖書在版編目(CIP)數據

中國古代史札録/吕思勉著;張耕華整理.--上海:上海古籍出版社,2023.12
(吕思勉手稿珍本叢刊)
ISBN 978-7-5732-0972-6

Ⅰ.①中… Ⅱ.①吕… ②張… Ⅲ.①中國歷史-古代史 Ⅳ.①K22

中國國家版本館CIP數據核字(2023)第229931號

吕思勉手稿珍本叢刊·中國古代史札録
(全四十册)
吕思勉 著
張耕華 整理
上海古籍出版社出版發行
(上海市閔行區號景路159弄1-5號A座5F 郵政編碼201101)
(1)網址:www.guji.com.cn
(2)E-mail:guji1@guji.com.cn
(3)易文網網址:www.ewen.co
金壇市古籍印刷廠印刷
開本890×1240 1/32 印張453.625 插頁98
2023年12月第1版 2023年12月第1次印刷
ISBN 978-7-5732-0972-6
K·3521 定價:2980.00元
如有質量問題,請與承印公司聯繫